KB265471

ERP 프로젝트 성공 가이드라인

정 희 연(鄭熹堧)

· 약 력

　숙명여자대학교 식품영양학과 졸업
　서강대학교 경영대학원 MBA
　한국외국어대학교 일반대학원 경영학 박사
　정보처리기술사
　SAP Korea ERP컨설팅 사업부 컨설턴트
　한국오라클 ERP컨설팅사업부 ERP컨설턴트
　포스데이터 ERP 컨설팅팀 부장
　오토에버시스템즈 품질혁신팀 팀장
　E-mail: hylotus@unitel.co.kr

· 주요논저

　「ERP와 e-procurement와 통합방안」
　「AHP를 활용한 고객사와 컨설팅사의 ERP 프로젝트 평가모형 연구」
　「ERP 프로젝트 단계별 평가모형 개발 연구: 고객사와 컨설팅사 간
　　상호인식차이분석」
　「유비쿼터스 경영정보」 (공저)
　　외 다수

ERP 프로젝트 성공 가이드라인

한국학술정보㈜

정희연 지음

머리말

21 세기 기업경영의 패러다임 변화로 경영환경이 극도로 복잡해지면서 글로벌 초경쟁 환경의 시대를 맞이하게 되었다. 글로벌 초환경 도래의 주된 원인은 경쟁의 경계가 파괴되는 무경계 경쟁인 세계화가 가속화되고 상시 기술혁신이 이루어지는 정보의 혁명과 지식기반을 통한 새로운 가치창출에 기인한다.

이러한 변화로 인해 기업은 끊임없이, 더 빨리 새로운 경쟁 우위를 지속시키기 위해 상시 위기를 맞고 있으며 새로운 패러다임의 시대적인 당위성에 따라 첨단 혁신기법의 도입과 이를 지원해 줄 수 있는 정보화 추진을 지속적으로 해 오고 있다.

급변한 환경의 변화와 불확실성의 시대변화는 기업으로 하여금 첨단기술을 통한 혁신을 요구해 왔으며, 이것의 일환으로 1995 년 이후 많은 기업들이 기업내부의 자원을 통합적으로 관리하고 E-비즈니스 근간을 마련하기 위해 ERP 시스템을 도입해 왔다. 그러나 기존의 정보시스템 구축과 유사한 방법으로 ERP 프로젝트가 추진됨에 따라 정해진 단기 목표에 초점이 되어 프로젝트가 수행되고 종료되는 경향이 있었다. 즉, ERP 프로젝트의 수행과정을 정교하게 관리하고 점검하지 못하였으며 프로젝트에 참여하는 고객과 컨설턴트의 역할에 대해 제대로 인식하지 못한 채 정해진 납기에 맞추어 서둘러 종료하는 것이 관례였을지 모른다. 이 의미는 ERP 프로젝트가 요구하는 성공요인과 품질을 고려하여 프로젝트를 수행하는 것보다, 전통적인 정보시스템 구축방식에 ERP 의 특성을 가미한 프로젝트를 추진하는 것이 일반적인 현상이었음을 말해준다.

제품과 서비스의 품질은 그 제품을 개발하고 서비스를 제공하는 과정의 품질에 의해 결정된다. 복잡한 시스템 구축 또는 컨설팅 수행은 다양한 분야의 이해관계자들이 협력해서 추진될 때 ERP 프로젝트는 과정의 품질을 유지하는 것이 매우 중요하다. 과정의 품질은 바로 프로젝트 종료시점 ERP 시스템 및 프로젝트 품질과 성공에 영향을 미치기 때문이다.

그러나 많은 기업에서 ERP 프로젝트를 수행하여 왔지만, 프로젝트 각 단계에서 발생하는 위험과 문제점을 객관적인 시각으로 점검하고, 평가한 후, 이를 개선하려는 노력은 부족한 것 같다. 또한 ERP 프로젝트는 고객과 컨설팅사 간 긴밀한 협조체제에서 수행되어야 함에도 불구하고 상호간의 역할 이해 부족으로 ERP 구축과정에서 효율적인 작업이 미흡하고 상호불신으로 인해 원하는 결과를 만들지 못하는 경우가 자주 발생한다. 그 결과, 정해진 기간 내 종료기준에 근거한 프로젝트 종료가 어려워지고, ERP 시스템 안정화단계가 장기화되면서 예상치 않은 사용자의 불만 및 추가비용 투입 등이 발생하는 것을 주변에서 빈번히 볼 수 있다.

이 책은 저자의 박사학위 논문을 토대로 재구성한 것이며, 저자가 10 여 년간 ERP 프로젝트 컨설턴트로서 활동하면서 다양한 기업에서 ERP 시스템 구축경험을 토대로 ERP 프로젝트 추진과정의 품질을 확보할 수 있도록 고객사와 컨설팅사 간 상호 평가할 수 있는 단계별 평가모형을 제시하였다. 더불어 각 단계별 어느 영역에서 서로 간의 인식차이가 발생하고 있는지 알아보고, 이러한 인식차이를 개선하기 위한 방안으로 단계별 고객사와 컨설팅사를 위한 가이드라인을 제시함으로써 ERP 프로젝트 성공적인 수행을 위한 새로운 평가체계를 제시하였다. 따라서 이 책은 ERP 를 성공적으로 도입하려는 기업, ERP 구축과정의 이해를 원하는 대학생, 컨설팅 서비스 품질향상을 원하는 ERP 컨설턴트 그리고 ERP 에 관심이 있는 독자들에게 현실적인 도움을 제공할 것으로 확신한다.

끝으로 학문적인 지원과 배려를 해 주신 교수님들께 감사의 마음을 전하며, 이 책이 출간될 수 있도록 지속적인 지원을 아끼지 않으신 사랑하는 어머니와 ㈜지아이에스 여호영 사장께 고마움을 전하고자 한다.

2007 년 10 월

저자 정 희 연 경영학 박사

목 차

서　론

제1절 연구의 필요성 및 연구목적

1. 연구의 필요성

ERP 시스템이 기업의 '경쟁우위의 도구'에서 '경쟁을 위한 필수품'으로 변화되면서 2005 년에 이어 2006 년에도 대기업을 중심으로 ERP 시스템의 고도화를 위한 추가투자가 지속되고 있다. 특히, ERP 시스템이 중견기업은 물론이거니와 중소기업으로까지 확산되면서 그 열기는 좀처럼 가라앉지 않고 있다(한국소프트웨어진흥원, 2006).

AMR 에 의하면, 미국의 ERP 소프트웨어 시장 규모는 2004 년 236 억 달러에서 2007 년에는 275 억 달러로, 2009 년에는 310 억 달러까지 매년 14% 성장세를 유지할 것으로 전망하고 있으며, 유럽시장에서는 2009 년까지 연평균 7%의 성장세를 나타낼 것으로 예측하고 있다(AMR, 2005). 국내 ERP 시장 역시 2006 년에 이어 2007 년도 5,40 억 원 규모로서 작년에 비해 8.9% 성장을 예상하고 있다. 이 가운데 대기업 중심의 ERP 시장은 2007 년 3,150 억 원에 달해 전년 대비 8.7% 성장이 예상되며, SMB 중견시장은 2,590 억 원의 규모를 이뤄 전년 대비 9.1%의 성장이 나타날 것으로 전망하고 있다(삼성 SDS consulting, 2007 년). 뿐만 아니라 정부의 중소기업 정보화 지원사업이 본격화되면서 코스닥 상장기업에서도 ERP 도입은 점점 늘어나는 추세이며(한국소프트웨어진흥원, 2006), 대기업의 협력사 지원사업도 본격화되면서 삼성전자, LG 전자, 포스코, 한국전력 등이 ERP 시스템을 도입하고 있다.

이를 반영하듯, 국내 ERP 시장은 2005 년을 기점으로 회복세에 접어들면서 2010 년까지 안정적인 시장 성장이 예측되는바, 2006 년 968 억 원에서, 2007 년 1000 억 원, 2009 년 1200 억 원으로 매년 8.4% 성장할 것으로 기대된다(한국 IDC, 2006).

이처럼 ERP 도입이 꾸준히 증가하는 ERP 시스템이 기업의 업무 표준화를 가능하게 하고 이를 통해 작업 생산성을 향상시킬 뿐 아니라 제조업종을 중심으로 데이터와 어플리케이션의 통합된 솔루션을 제공해주기 때문이다(오라클 매거진, 2006). 또한, 공급망 관리의 핵심 기능과 기업의 e-비즈니스 근간인 가치 사슬을 통합할 수 있는 기반을 제공함으로써 고객의 요구에 신속히 대응할 수 있는 체계를 제공하기 때문이기도 하다(엑센츄어 컨설팅사, 2002).

그러나 ERP 시스템을 성공적으로 구축한 기업은 그리 많지 않다. ERP 프로젝트는 평균 178%의 초과예산이 투입되고, 2.5 배 구축기간이 소요되며 초기 약속한 목표에 대한 기대효과가 30%에 머무르고 있다(Zhang et al., 2005). 이를 반영하듯이 ERP 를 도입한 기업 중 90% 이상이 납기지연과 예산초과 현상을 나타내고 있다(Umble et al., 2003).

이와 같은 고비용의 발생과 납기지연의 주된 원인은 기술적인 측면보다는 프로세스 재설계, 조직의 변화 요구 그리고 핵심인력들의 의사결정체제 등 고도의 위험요인에 기인하고 있다(Umble et al., 2003). 이를 위해서 박문규(2002)는 컨설팅 과정에서 의사소통의 장애와 비합리적인 프로젝트 관리 등의 장애를 극복하는 방안으로 ERP 프로젝트에 적합한 현업 요원과 우수한 컨설턴트의 투입이 필요함을 지적하였다.

즉, 고객은 전문 역량을 보유한 컨설턴트와 밀접한 관계를 유지하고 합리적인 의사소통 체계를 마련하여 주어진 기간 동안 협업체계를 이루어야 한다. 반면, 컨설턴트는 기업이 당면한 여러 문제들을 빠짐없이 해결하려고 노력해야 하며, 고객의 눈과 귀가 되어 그들과 밀접한 작업을 수행해야 한다(Barker & Frolick, 2003).

그러나 현실적으로 고객사 측의 컨설팅과 ERP 프로젝트에 대한 이해부족 그리고 상호간의 의사소통 장애 등으로 인해 다양한 문제점들이 발생되고 있다(전진영, 2004). 더욱이 ERP 프로젝트 초기단계에서 노출된 문제점들이 구축과정에서 재발견됨으로써 시간적, 비용적 손실은 물론이거니와, 목표달성에 실패하는 사례가 많다. 이와 같이 표면에 드러나지 않고 감추어진 심각한 문제점들을 해결하기 위해서는 각 단계별 평가에 의한 사전 경고가 필요하다(Markus et al., 2000). 또한 ERP 프로젝트를 성공적으로 관리하기 위해서는

구축에 관한 성공을 측정할 수 있는 고난이도의 평가방법이 요구된다
(Rasosevich, 1999).

실제적으로 ERP 프로젝트는 대부분 고객사와 컨설팅사가 구축 초기에 종료
일정과 목표달성에 관한 기준을 수립하고 있음에도 불구하고 서로가 단기성과
라는 목표에만 초점을 두어 프로젝트를 종료하기 때문에 많은 문제가 발생되
고 있다. 따라서 프로젝트를 성공적으로 마치기 위해서는 초기 계약 단계에서
종료의 의미를 정의하고, 각 단계마다 얼마나 충실히 이행되었는지를 검증해
야 한다. 그럼에도 불구하고 현실적으로 ERP 프로젝트 실패가 반복되는 이유
는 컨설팅사와 기업 간에 ERP 의 구축과정이 비합리적인 방법으로 진행되고
컨설팅사의 관점이 ERP 를 도입하는 기업의 평가관점보다 더 중요하게 작용
하고 있기 때문이다(오라클매거진, 2005).

한편, 고객사 측은 ERP 프로젝트에 대한 이해부족으로 컨설팅사가 제시하
는 가이드를 수용하지 못하는 경우가 많다. 이 때문에 ERP 시스템 구축단계
에 불필요한 시간과 노력을 많이 소모하게 된다. 또한 처음으로 ERP 프로젝
트를 경험하는 고객입장에서는 컨설팅사가 제시하는 방법대로 따라갈 수밖에
없다. 이로 인해 고객은 각 단계별로 수행해야 할 작업들이 제대로 진행되고
있는지 검증하기 어렵기 때문에 수행과정에서 심각한 문제들을 제거하지 못하
고 있는 실정이다(정희연, 이주헌, 2006).

최근 ERP 을 도입하는 기업의 경우 업무 프로세스 혁신과 ERP 를 동시에
추진하는 사례가 증가하고 있어 ERP 도입에 있어 컨설팅의 중요성이 갈수록
커지고 있다. 따라서 ERP 컨설팅 업체와 고객과의 연관성 및 협력 수준은
ERP 프로젝트 성공에 큰 요소로 작용하고 있다(한국소프트웨어진흥원, 2007).

ERP 프로젝트의 성공은 고객의 역할뿐만 아니라 컨설팅사의 역할이 중요하
기 때문에 협업과 상호간의 신뢰 속에서 작업을 추진해야 구축과정의 장애를
최소화할 수 있다(정영일, 2003, Marbert et al., 2003, Xue et al., 2005).
즉 컨설턴트가 프로젝트를 수행하는 데 있어서 어떤 역할을 하는가는 결국 고
객이 수행해야 하는 역할과 직접적으로 관련되어 있으며 서로 상호작용한다

(한종극, 정태연, 2000)고 볼 수 있다. 또한, ERP 구축단계별 완성도와 성과 간의 관계연구에서도 알 수 있듯이 다음 단계 완성도는 이전 단계 완성도에 강한 영향을 받기 때문에 성공적인 ERP 도입을 위해 단계별 완성도는 매우 중요하다(박문규, 2002). 따라서 평가모형을 이용한 단계별 검증이 필요하다.

그러나 지금까지 연구된 ERP 시스템 구축과 성공에 관한 논문의 내용을 주제별로 정리하면 크게 ERP 구현 연구(Davenport, 2000, Markus & Tanis, 2000, Kumar et al., 2003, Xue et al., 2004, Zhang et al., 2005), ERP 운영연구(변지석, 2002, 김종형 등, 2004, Markus et al., 2000), ERP 도입효과에 관한 연구(서기철, 문태수, 2005, 서현주, 양희동, 2005, 안상형, 이창희, 2003, 이석준, 2001, Sun, 2005), ERP 성공요인에 관한 연구(최상돈, 2000, 박문규, 2002, Parr & Shank, 2000, Barker & Frolick, 2003, Umble et al., 2003) ERP 와 BPR(Business Process Reengineering)과 연계한 연구(김종대, 김현수, 1996, NG et al., 1999) 그리고 ERP 측정에 관한 연구(김진수 등, 2002, 임세헌, 2003, 정사무엘 등, 2004, Teltumbde, 2000, Luo & Strong, 2004) 등으로 분류할 수 있다.

이를 종합하여 볼 때, 기존 연구는 ERP 구축, 활용, 운영관점에서 고객이 수행할 역할 및 책임 등과 관련된 요인에 관한 것이 대부분이다. 성공적인 ERP 시스템 구축과정에 대한 분석과 가이드라인을 제시하는 연구가 매우 중요함에도(Soh et al., 2000) 불구하고 ERP 프로젝트에 대한 고객만족에 관한 연구만이 진행되었을 뿐, 고객사와 컨설팅사에 대한 ERP 프로젝트 단계별 수행결과를 상호평가하고 그에 따른 평가차이를 연구하는 실증연구는 전무하다. 오라클 매거진(2006)에 의하면 정보 시스템 개발과 달리 ERP 프로젝트는 컨설턴트의 서비스가 프로젝트의 성패를 좌우함에도 불구하고 이를 측정할 수 있는 전문 컨설팅과 병행한 평가연구는 거의 진행되지 않았음을 언급하였다. 때문에 현업에서 적용할 수 있는 평가방법론을 구축하기 위해 현장전문 컨설팅 작업평가가 병행되어야만 비로소 컨설팅 서비스와 고객과의 상호작용에 대한 이해와 고객 가치를 높일 수 있다(남수희, 2002).

따라서 본 연구는 ERP 시스템의 구축과정 중 고객과 컨설팅사 양자 간에 발생할 수 있는 비효율적인 작업수행을 최소화하고 각 단계에서 발생되는 문제점을 즉시 파악, 대응함으로써 프로젝트 단계의 완성도를 높이고자 하는 데 있다. 또한 ERP 프로젝트에 대한 고객과 컨설턴트의 인식차이를 줄이고 상호 간의 역할을 제대로 수행하여 ERP 도입성과를 극대화시키는 데 있다.

2. 연구목적

상기와 같은 문제점을 해결하고 기업의 성공적인 ERP 도입을 위해 ERP 프로젝트의 특징을 고려한 평가모형을 개발한다. 그리고 ERP 프로젝트를 완료하였거나 구축 중인 기업의 고객과 컨설턴트를 대상으로 평가모형을 적용하여 상호인식차이를 검증하기 위해 다음과 같은 세부적인 연구목적을 갖는다.

첫째, 기존의 연구를 통해 ERP 구축과정을 도입단계, 구축단계, 정착화단계로 구분한다. 그 후 각 단계별로 성과에 영향을 미치는 성공요인을 토대로 평가항목을 선정한 다음, ERP 전문가의 리뷰를 거쳐 최종 평가항목을 도출한다.

둘째, AHP(Analytic Hierarchy Process)기법을 사용하여 단계별 평가항목들 간의 중요도를 산출하고 이들의 상대적 중요도에 따라 컨설팅사와 고객사를 평가할 수 있는 ERP 프로젝트 평가모형을 개발한다.

셋째, 개발된 평가모형을 적용하여 ERP 구축단계별 고객사와 컨설팅사의 평가차이를 분석하고 어떤 단계에서 상호간의 차이가 발생하는지를 연구한다.

넷째, 고객사와 컨설팅사 상호간의 평가차이 분석결과, 서로 간의 인식차이를 줄일 수 있는지에 관한 개선안을 제시한다.

제 2 절 연구방법 및 범위

본 연구에서는 ERP 도입단계별 성공요인에 관한 선행연구를 검토하고, 문헌연구와 실증연구를 병행한다.

문헌연구에서는 최근 발표된 학술논문, 국내외 도서 및 연구단체의 발표자료 등을 살펴 ERP 프로젝트 단계 및 성공요인과 ERP 프로젝트 평가에 관한 내용을 고찰한다. 또한 프로젝트 평가모형을 구성하는 평가항목과 세부평가항목 및 평가체계를 설정하여 고객사와 컨설팅사 상호평가를 위한 평가모형을 개발한다. 실증연구에서는 평가모형의 적합성을 검증하기 위해 평가항목과 세부항목을 토대로 설문항목을 개발한다. 자료수집방법은 최근 2~3 년 이내 국내 외에서 ERP 를 도입한 기업과 현재 구축 중인 42 개 기업체로부터 해당 프로젝트에 참여한 고객사의 프로젝트 요원과 컨설턴트를 대상으로 자료수집을 하였다. 그리고 수집된 자료를 근간으로 하여 평가지표에 대한 신뢰성과 타당성을 분석하고 t-검정을 통해 고객사와 컨설팅사 간의 단계별 평가차이를 비교검증 한 후 그에 따른 시사점과 개선점을 제시한다.

본 연구의 범위는 ERP 프로젝트 구축과정에서 핵심 역할을 담당하는 고객사와 컨설팅사를 대상으로 한다[그림 1-1]. 고객사의 범위는 ERP 프로젝트에 참여하는 프로젝트 팀원, 현장에서 지원하는 현업 및 최고경영자를 범위로 하고 컨설팅사의 범위는 ERP 패키지 컨설팅과 비즈니스 개혁을 지원하는 경영 컨설팅, ERP 패키지 기술통합 등의 역할을 담당하는 전문가로 한정한다. 하드웨어 벤더사나 데이터베이스 벤더사와 커스터마이징과 인터페이스를 담당할 SI(system information)벤더사는 컨설팅사가 전체 시스템을 통합하고 프로젝트를 관리하는 체제에서 책임역할을 그 범위로 한다.

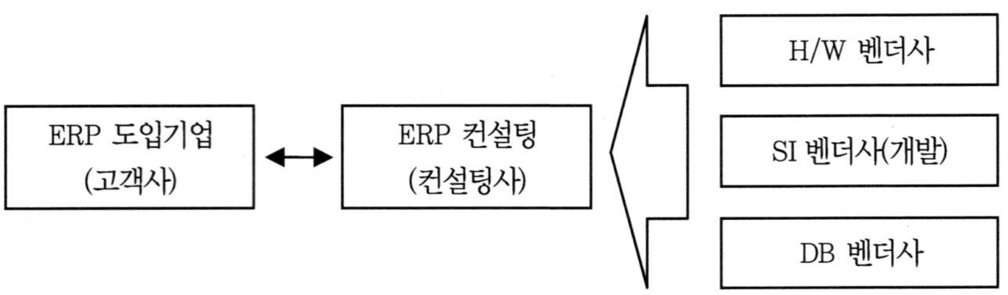

[그림 1-1] ERP 프로젝트 참여사 범위

제 3 절 책의 구성

본 책은 크게 6장으로 구성되어 있으며 전체 전개과정은 다음과 같다.

제 1 장은 서론으로 연구의 배경과 연구목적을 제시함으로써 본 연구가 의도하는 내용을 명확히 밝히고 연구의 목적달성을 위한 실증적 연구내용 및 방법을 설명한다.

제 2 장에서는 이론적 고찰과정으로 ERP 구축단계별 주요활동 및 성공요인 그리고 프로젝트 평가에 관한 선행연구를 기술한다.

제 3 장에서는 본 연구에서 초점을 맞추고 있는 단계별 평가항목을 도출하였다. 이를 기반으로 고객사와 컨설팅사의 작업결과를 측정할 수 있는 평가지를 작성한 후, 프로젝트 평가모형을 개발한다.

제 4 장에서는 가설을 설정하고 가설의 실증적 검증을 위해 사례분석을 통해 자료를 수집한 다음 그에 따른 측정방법을 제시한다.

제 5 장에서는 평가항목인 변수의 측정척도가 단계별 평가특성에 맞는지 검토하기 위해 평가항목 간의 신뢰성과 타당성분석을 실시한다.

마지막으로 제 6 장에서는 실증적 분석에서 얻어진 결과를 통계적으로 요약 및 해석하고 연구의 한계점과 이를 보완할 수 있는 앞으로 추가적인 연구방향을 제시한다[그림 1-2].

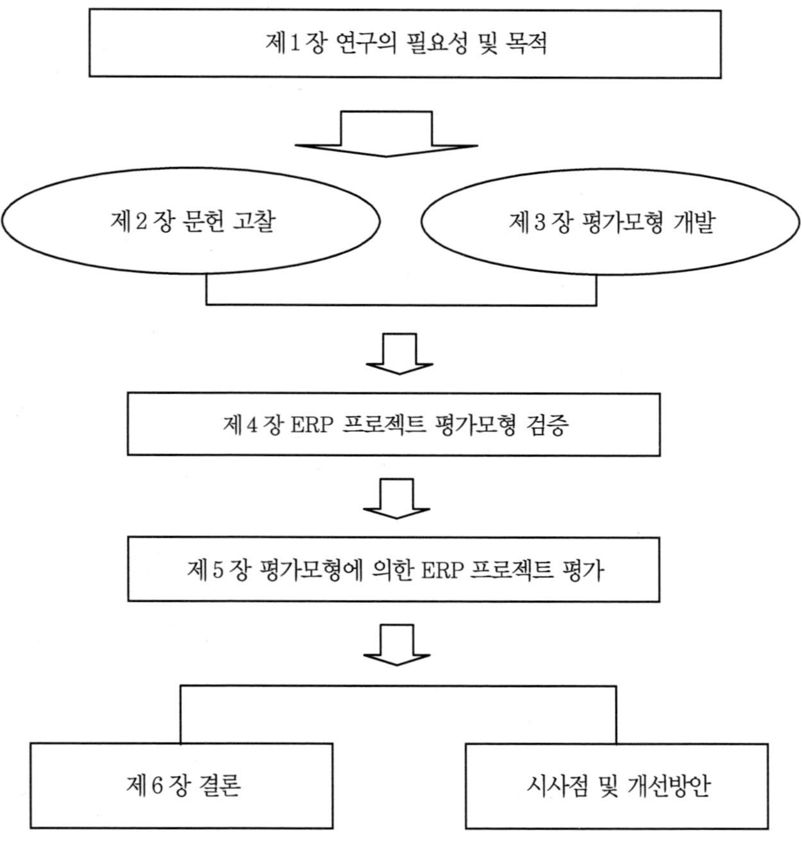

제 1 장 연구의 필요성 및 목적
제 2 장 문헌 고찰
제 3 장 평가모형 개발
제 4 장 ERP 프로젝트 평가모형 검증
제 5 장 평가모형에 의한 ERP 프로젝트 평가
제 6 장 결론
시사점 및 개선방안

ERP 프로젝트 선행연구 고찰

제1절 고객사와 컨설팅사 특성에 관한 연구

1. 고객사와 컨설팅사 개념

서비스 분야에서는 공급자와 수요자 또는 판매자와 소비자 구성원 간의 관계형성이 중요하게 다루어져 왔다(Anderson, 1989). 이와 마찬가지로 정보 시스템 분야에서도 공급자와 수요자 간의 관계가 중요하게 여겨진다. 그러나 정보 시스템 분야에서는 일반적인 서비스 분야와는 달리 공급자와 수요자에 대한 표현이 다르게 사용되고 있다.

정보시스템 개발분야에서는 수십 년간 서비스 제공자를 개발자, 공급업체 혹은 발주자 등으로 정의하고 고객을 사용자 또는 현업으로 지칭하면서 상호 간의 관계 중요성을 지속적으로 강조해 왔다(Oliver & Langford, 1978, Barki & Hartwick, 2001, 김유영, 2003). 또한, 정보기술 아웃소싱 영역에서도 고객을 클라이언트로 표현하고 서비스 제공자인 외주업체를 벤더사 또는 발주업체라는 용어로 양자 간의 관계를 연구해 왔다(오세성, 2002, 윤용기, 2005, 남수희, 2002). 한편, 경영컨설팅 분야와 IT 컨설팅 영역에서는 고객을 클라이언트 또는 의뢰인 그리고 고객사 등으로 정의하고 서비스 제공자인 외부 전문가를 컨설팅사 또는 컨설턴트라고 정의하거나(장영, 1996, 정종수, 2001, 설증웅, 조민호, 2002) 장기계약 관련한 분야에서는 고객을 고객사라고 정의하고 있다(이충수, 2002).

하지만 일반적으로 ERP를 도입하는 기업은 고객사라고 통용되고 있다. 고객사는 최고경영자와 프로젝트 팀원 그리고 현업을 포함한 반면, 서비스를 제공하는 기업은 컨설팅사라고 불린다. 여기서 ERP 컨설턴트는 프로젝트를 리딩하는 프로젝트 관리자와 프로세스 컨설팅, ERP 기능 및 기술 컨설팅 그리고 변화관리 컨설팅을 수행한다. 그러나 본 연구에서는 ERP 프로젝트가 지닌 정보시스템 구축과 비즈니스 컨설팅 수행이라는 특성을 고려하여 ERP 도입기업과 서비스 제공 기업을 고객사와 컨설팅사로 정의하고자 한다.

2. 고객사와 컨설팅사 역할

ERP 프로젝트를 성공적으로 추진하기 위해 프로젝트 후원자인 최고경영자, 프로젝트 팀원들은 물론이거니와 고객의 프로젝트를 리딩하는 컨설팅사의 역할이 매우 중요하다. 컨설팅 회사는 전문서비스를 판매하는 조직이며 고객은 이러한 서비스를 구매하는 조직이기 때문에 컨설턴트와 고객은 전문직업적이면서도 상업적인 이중관계를 형성한다. 따라서 본 책에서는 이러한 이중관계에 대해 그들의 역할을 살펴봄으로써 ERP 프로젝트 수행과정에서 컨설턴트의 역할과 고객의 역할을 상호조명해 본다.

(1) 고객의 역할

과거와 달리 정보시스템 구축 프로젝트의 규모와 복잡성이 커져감에 따라 고객의 역할은 그 어느 때보다 중요한 위치에 놓이게 되었다(손동기, 정철용, 2003). 정보시스템 개발에서의 사용자(고객)의 참여는 정보시스템 개발을 성공적으로 이끄는 데 결정적인 요인이라는 점에 많은 학자들의 의견은 일치하고 있다(Mckeen et al., 1994). 이런 점에서 고객의 참여는 상호간의 신뢰와 자유스런 의견교환을 가능하게 하고(Zmud & Cox, 1979) 새로운 시스템에 대한 저항을 낮춤으로써 상호간의 갈등을 성공적으로 해결할 수 있으며(Alter, 1978) 고객에게 학습효과를 제공하기도 한다. 또한 고객의 생각이나 의도를 점검할 수 있어 여러 가지 의사결정을 내려야 할 경우 도움을 받을 수 있다(한종극, 정태연, 2000).

컨설팅 수행과정에서도 고객의 역할은 매우 중요하게 여겨진다. 고객의 역할은 컨설팅 프로젝트에서 고객의 만족도에 영향을 미칠 수 있다. 즉 이는 컨설팅 서비스와 고객 간의 상호작용 결과이기 때문이다(남수희, 2002). 궁극적으로 고객은 ERP 프로젝트의 단계별 프로세스 정의, 요구상 정의, 컨설팅 시스템 설계, 테스트 수행, 교육 및 훈련에 참여하게 되어 컨설팅성과에 긍정적인 영향을 준다(Franz & Robey, 1986).

ERP 프로젝트에서 고객의 역할은 업무프로세스를 정립할 뿐 아니라 업무와 관련된 주요 의사결정을 하고 시스템 구축 후에는 ERP 시스템의 사용자가 된다는 사실이다(오재인, 이석주, 1998). 고객의 역할은 참여 주체에 따라 최고경영자, 사용자, 프로젝트 추진 팀(TFT) 등 3 그룹으로 구분될 수 있는데 이들의 역할을 정리하면 다음과 같다.

최고경영자는 ERP 도입에 따른 조직의 영향도를 검토하고 프로젝트 리더로서 목표를 설정하며 적극적인 관여와 필요한 자원을 지원한다(이석준, 1998). 또한 초기단계부터 단계별 현업의 참여를 독려하고 이해관계자의 조정 역할자로서 주요 이슈를 신속하게 의사 결정할 수 있는 스폰서십을 발휘한다(김은홍 외, 1999, 최광돈, 2000). 한편, 프로젝트 추진 팀은 현업 사용자들의 의견을 정확히 반영할 수 있도록 프로세스를 설계할 뿐 아니라 업무에 관련된 의사결정을 하고 시스템구축과 운영단계에 따른 교육 및 운영체제 준비 등 다양한 작업을 수행한다(오재인과 이석주, 1998). 특히 이석준(1998)은 현장의 사용자는 프로젝트 팀에서 준비한 To-Be 프로세스를 리뷰하고 교육에 참여하며, 마스터 데이터 정비, 사용자 테스트 등에 참여하여 프로젝트 팀을 지원하는 것을 강조하고 있다(이석준, 1998).

이런 점에서 Larsen & Gobei(1989)와 장영(1996) 등은 최고 경영자의 지원이 부족하고 전문적 지식과 경험이 미숙한 현업이 투입된다면, 기업은 조직변화에 대한 창의성과 혁신 그리고 독립성이 강한 프로젝트 추진 팀을 구성하기 어렵고 프로젝트를 성공적으로 수행하기 쉽지 않다고 보고하고 있다. 반면 Frans & Robey(1986), 김은홍 외(1999), 정종수(2001) 등은 프로젝트 단계별 사용자의 참여 정도가 적극적으로 이루어질 경우에는 시스템 설계, 시스템 품질 향상, 사용자 자신의 정보요구사항에 대한 능력 등을 향상시켜 컨설팅 성과를 높일 수 있다고 지적하고 있다. 이처럼 고객의 적극적인 역할은 프로젝트의 수행에 매우 중요한 요인이 된다는 점을 시사하고 있다.

이와 같이 고객이 ERP 프로젝트에 적극적으로 참여해야 하는 이유는 프로젝트에 대한 책임감을 가지고 이에 따른 리더십을 제공할 뿐 아니라, 변화에 대한 장애물을 찾아내고 이를 제거하며, 조직 내 존재하는 모든 전문지식과 기술을 제대로 활용하기 위해, 컨설턴트로부터 무언가를 배우기 위해서, 프로젝트의 결과에 대해 책임을 지기 위해서이다(한종극, 정태연, 2000). 따라서 ERP 프로젝트를 성공적으로 완수하기 위해서는 고객의 역할은 매우 중요하다. 고객이 얼마나 적극적으로 해당 프로젝트에 참여하였는지에 따라 그 결과는 달라지기 때문이다.

(2) 컨설팅사 역할

컨설팅은 의뢰인이 자신에게 직면한 문제를 해결하거나 더 나은 상태로 도약하기 위해 외부의 전문적인 지식과 경험 그리고 기술을 활용하고자 자문을 요청하는 것이다(설중웅, 조민호, 2002). [1]국제노동기구(ILO)에서는 컨설팅을 "조직의 목적을 달성하는 데 있어 경영, 업무상의 문제점을 해결하고, 새로운 기회를 발견, 포착, 학습을 촉진하며 변화를 실현하는 관리자와 조직을 지원하는 독립적인 전문서비스"라고 정의하고 있다. 또한 기능적인 관점에서 컨설팅 개념은 과제의 내용, 프로세스 및 구조에 관한 책임을 맡고서 이를 수행하는 사람들에게 컨설턴트가 컨설팅 프로세스에 따라 도움을 제공하는 것이라고 정의하고 있다. 즉 전문 서비스로 간주한다(LG-CNS, 2003).

이와 같이 전문서비스를 제공하는 컨설팅사는 고객의 요구를 충족시키기 위해 시스템의 도입부터 종료단계에까지 필요한 시점에 지속적으로 참여하여 프로젝트 팀을 지원하며(정종수, 2001) 독립적이고 객관적인 조언자로서 고객에게 새로운 방식에 따라 어떻게 작업하는지에 대한 시범을 보여주고, 시행착오를 줄일 수 있도록 그들을 훈련시켜야 한다(한종극, 정태연, 2000). 또한, 그들이 가지고 있는 전문 지식을 전달하고 교육과정을 설계하고 실행한다. 더불

---

[1] ILO(International Labor Organization)은 1919 년 바르샤바 조약에 의해 국제연맹과 더불어 설립된 기구로서 완전고용과 생활수준의 향상, 고용의 확보, 직업기회 균등 등 10 개의 보장을 제시하였다. 그 밖의 저개발국가의 기술원조, 노동문제 등에 대한 조사연구 등을 수행한다.

어 문제 해결을 위한 객관적 시각과 문제 해결능력 등을 고객에게 제공함으로
써(장영, 1996) 고객과 컨설팅사가 상호 공감대를 형성하는 역할을 수행한다
(Tuner et al., 1982).

　이러한 관점에서 컨설팅사가 효율적으로 그들의 역할을 수행하기 위해서는
해당분야의 전문성 확보와 프로젝트 관리, 지식전수, 문제해결지원, 고객과의
역학관계 및 협력 유도 그리고 정보수집 및 해석 등의 역량을 갖춘 전문컨설
턴트가 필요하다(전진영, 2004, 장영, 1996). 첫째, 전문분야에서는 주로 전문
지식정보제공, 문제핵심 파악, 설득력 있는 조언과 전달 등의 역할을 요구한
다(Williams et al., 1994, Wooten & White, 1998). 둘째, 프로젝트 관리 분
야에서는 프로젝트 소요경비 및 일정 추정능력, 추진조직 체제 설계, 일정관
리, 추진조직 격려 및 지원, 팀워크 제고 등의 역할을 수행한다(Gallesich,
1982, 김성훈, 2002). 셋째, 지식전수 영역에서는 문제해결에 대한 시각제공,
전문지식 전수, 교육과정 설계, 고객의 말 경청 및 상호신뢰 분위기 조성 등의
능력을 요구하고, 넷째, 고객과의 역학관계에서는 갈등중재 조정, 합의도출,
경영층의 협조 등의 역할을 필요로 한다(King, 2005, Williams et al., 1994).

　궁극적으로 ERP 패키지 구축 프로젝트에서 컨설팅이 차지하는 비중은 총
비용의 70% 이상이다. 이는 도입비용에 비해 비용지출이 2~4 배 정도 소요
되는 것을 감안한다면(오재인, 1997) 역량 있는 컨설턴트 투입과 적극적인 활
용은 더욱 중요하다(김성훈, 2002). 또한, ERP 프로젝트를 이끌어가는 주체
는 컨설턴트이기 때문에 컨설턴트 능력이 프로젝트 성패를 좌우할 수 있다는
측면에서 컨설팅사의 역할을 간과해서는 안 된다(이석준, 1998).

　그러므로 프로젝트 수행과정에서 고객의 복잡 다양한 요구사항들을 만족시
키기 위해서는 업무프로세스, 정보기술 및 ERP 제품에 대한 지식과 경험을
보유한 컨설턴트의 자질이 매우 중요하다(Zhang et al., 2005). 특히, 기업의
문제해결 지원능력, 컨설턴트의 경험과 객관성 제공, 이해관계자 조정 및 프
로젝트 관리, 지식전수, 고객사의 프로세스 재설계 유도 등의 역할은 프로젝
트를 성공적으로 추진할 수 있는 주요변수가 된다(장영, 1996, Williams et

al., 1994, Kumar et al., 2003, Soh et al., 2000, 전진영, 2004, 오재인, 1997). 다시 말해 ERP 프로젝트에서 컨설턴트 역할은 현업이 정립한 업무 프로세스를 점검하고, 문제가 있는 프로세스를 수정해주며, 더불어 선진사례를 소개한다. 더불어 ERP 교육, ERP 패키지와 관련된 기술적인 지원 및 이전 등의 일을 수행한다(오재인, 이석주, 1998).

아래 [표 2-1]은 장영(1996)이 제시한 컨설턴트에 요구되는 역할별 업무능력을 ERP 프로젝트 컨설팅서비스 측면에서 정리한 내용이다.

[표 2-1] 컨설턴트에 요구되는 역할별 업무능력

주요역할	요구되는 업무 능력	참고문헌
전문분야 정보제공	전문지식과 정보를 제공하는 능력 문제핵심을 파악하는 능력 설득력 있게 조언 및 전달하는 능력	Williams et al.(1994) Wooten&White(1998) 남수희(2002)
프로젝트 전반관리, 감독	프로젝트 소요경비 및 일정 추정능력 추진조직 체제 설계능력 일정관리 능력 추진조직 격려 및 지원능력 팀워크 제고능력	Gallesich(1982) Williams et al.(1994)
지식을 전수하여 스스로 문제 해결지원	문제해결에 대한 시각제공 능력 전문지식 전수 능력 교육과정 설계 능력 고객의 말 경청능력 상호신뢰 분위기 조성능력	King(2005) Williams et al.(1994) Wooten&White(1998) Gallesich(1982) Ko et al.(2005)
클라이언트와의 역학관계 및 협력 유도	갈등중재 조정능력 합의도출 능력 경영층의 협조 유도능력 고객의 동기유발 및 참여유도	이석준(1998) Williams et al.(1994) Motwani et al.(2002) 한종극, 정태연(2000)
정보수집, 분석 및 해석	필요정보 수집 인터뷰 능력 자료, 보고서 요약정리 자료분석 및 해석능력	이석준(1998) Williams et al.(1994) Wooten&White(1998) Gallesich(1982)

3. 고객사와 컨설팅사의 관계 중요성

정보기술 아웃소싱의 성공과 실패는 클라이언트(client: 고객)와 벤더(vendor: 외주업체) 양자 간의 관계에서 찾아볼 수 있다(김주환, 1998, Kapoor, 1997). 마찬가지로 ERP 프로젝트 추진도 일방적인 방식(One-way)이 아닌 고객과 컨설턴트와의 상호의존적 관계 속에서 실행되는 쌍방 간의 방식(two-way)이 되어야 한다(김광훈, 1999, 전진영, 2004). 이처럼 컨설팅사와 고객 상호간의 관계형성은 프로젝트 수행과정에서 발생한 이슈를 원활하게 해결하도록 유도한다(Frederick, 1999).

서현주와 김효근(2002)은 기업 간의 협력관계의 중요성에 관한 연구를 통해 기업 간 협력은 조직이 보유한 내부가치와 역량에 따라 그 성과에 차이를 보이며 동시에 기업의 내부 역량을 개발시킨다고 지적하였다. 특히, 지식을 제공하는 기업이 개방적이고 신뢰성이 높을수록 기업 간의 협력은 효과적이라고 하였다. 따라서 기업상호간의 신뢰는 지식제공기업으로부터 지식을 더 많이 획득할 수 있는 사회적 자본의 역할을 한다고 볼 수 있다(Kale et al., 2000).

앞서 언급한 기업 간의 협력관계와 고객사와 컨설팅사 간의 관계는 ERP 프로젝트에도 적용될 수 있다. 컨설턴트의 지식전수와 고객과의 협업관계는 상호간의 신뢰를 기반으로 이루어진다. 컨설팅 회사 또는 컨설턴트는 고객사와 상호신뢰가 확보된 상태에서 그들의 경험, 기술, 지식, 적용사례 등을 제시하고 컨설팅을 수행한다. 이 과정에서 공통의 가치관과 목표에 대한 공유가 가능하다(설증웅, 조민호, 2002).

ERP 프로젝트에서 고객과 컨설팅 간의 관계를 정리해보면, 컨설팅사는 기업의 문제를 해결하고 경영자와 조직이 추구하는 목적을 달성할 수 있도록 도와주는 프로페셔날 어드바이스 서비스을 제공한다. 반면, ERP 프로젝트에 참여하는 고객은 컨설팅사의 가이드를 통해 주어진 과제 또는 문제점을 단계적으로 해결하는 역할을 담당하면서 학습의 기회를 넓히고 변화를 실행한다(LG-CNS, 2003).

이런 관점에서 볼 때, ERP 프로젝트 추진과정은 컨설팅사의 일방적인 작업 수행이 아닌 상호 유기적인 관계 속에서 진행되고 있음을 알 수 있다. 즉 양자 간의 신뢰형성과 협업체계가 전제되었을 때, 고객이 원하고 기대하는 서비스가 제공되며 결과적으로 프로젝트 성공을 기대할 수 있다[그림 2-1].

[그림 2-1] 고객사와 컨설팅사 간의 관계도

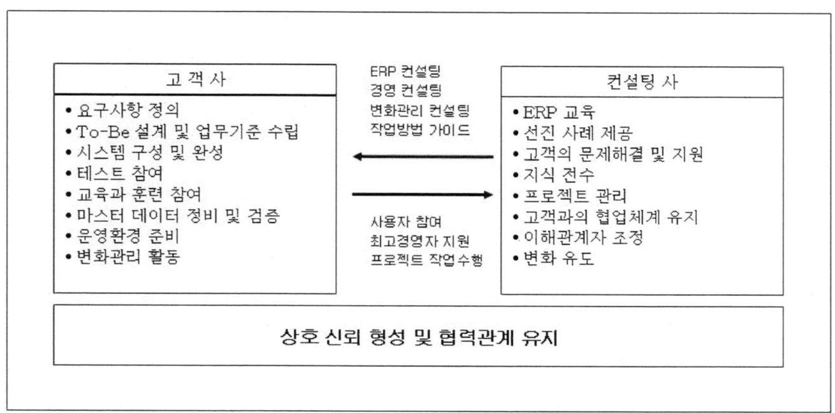

그럼에도 불구하고 서비스를 제공하는 개발사, 벤더사 또는 컨설팅사와 고객과의 관계형성 과정에는 다음과 같은 문제점을 안고 있다.

첫째, 서비스 제공자와 고객이 기대하는 것과 실제 현실 간에는 차이가 발생하고(Leitheiser & Frouad, 1993, 오라클 매거진, 2005) 있으며 시스템에 대한 만족도에서도 서로 상반된 의견차이를 나타내고 있다는 점이다 (Middleton 1995, Kadoda, 2000). 이는 발주자와 수주자 간의 관계가 동전 양면처럼 서로 상반되어 개개인의 불만으로 나타남으로써 의사소통을 어렵게 만든다. 결국, 상대방의 업무에 대한 이해부족과 대인관계유지를 위한 기술부족 등으로 인해 발생한 의사소통의 장애는 정보시스템 부서와 사용자 간의 갈등을 유발시켜 정보시스템 성과에 좋지 않은 영향을 미친다(박용기, 1998, 이주헌, 1992).

둘째, 서비스 제공자의 신용과 전문성의 결여는 의사소통 과정에서 고객에게 지식전달을 어렵게 만든다(전진영, 2004). 또한 쌍방 간의 거래에서 계약사항을 성실히 이행하지 못하는 등, 최적의 성과를 얻어내지 못하는 문제점이 존재한다(이충수, 2002, 최수정, 2005).

이와 같은 문제들의 근본적인 원인은 고객과 컨설팅사 서로에게 찾을 수 있다. 일반적으로 고객은 장기비전을 가지고 컨설팅을 의뢰하기보다는 단기적인 목표달성, 영업적 측면에서 전시효과만을 바라는 컨설팅을 하는 경향이 있다. 또한 고객은 컨설팅에 대한 올바른 개념조차 갖지 못한 상태에서 프로젝트를 시작하는 경향도 강하다(정종수, 2001, 오라클 매거진, 2005). Zera et al(1989)과 장영(1996)에 따르면 고객사는 적절한 역량을 갖추지 못한 현업요원이 투입됨에 따라 프로젝트 과정에서 발생한 제반 문제점들을 쉽게 해결하지 못한다고 주장하였다. 뿐만 아니라 고비용을 지불하면서 고용한 컨설턴트를 효율적으로 활용하지 못해 투자대비 효과를 얻지 못하는 경우가 많다(남수희, 2002).

즉, 고객과 컨설턴트가 상호 조화로운 관계 속에서 프로젝트를 성공적으로 수행할 수 있음에도 불구하고(김광훈, 1999), 프로젝트 목표인식, 작업방법인식 그리고 작업결과에 대해 상호 바라보는 관점에 차이가 있기 때문에 서로 간에 갈등과 불신이 일어난다. 이로 인해 프로젝트가 효율적으로 추진되지 못해 사용자 만족과 조직성과에 부정적인 영향을 미치게 된다(Frederick, 1999, 전진영, 2004, 김유영, 2003).

이러한 이유로, 두 파트너가 모두 원하는 목적을 이루기 위해서는 먼저, 컨설팅사 입장에서는 우호적인 조직문화를 유지할 수 있는 역량을 길러야 한다. 한편, 고객 입장에서는 조직구성원들의 노력과 기업의 목표가 일치될 수 있도록 상호 긍정적인 관계를 유지해야 한다(Zeira & Avedisian, 1989, Frederick, 1999).

선행연구에서 살펴보았듯이, 고객사와 컨설팅사가 상호 유기적인 관계를 형성하는 것은 ERP 구축성공에 있어 매우 중요한 요인이다. 그러나 전문성을 보유한 컨설턴트의 부족, 컨설팅을 지원하는 조직 요원들의 역량 미달, 그리고 고객사의 적극적인 참여 부족은 기업으로 하여금 소기의 성과를 얻어내기 어렵게 만든다(Barker & Frolick, 2003, Traci Barker, 2001). 그러므로 상호 조화 속에서 프로젝트 각 단계별로 각자의 역할을 수행하는 것이 성공적인 조직의 변화와 프로젝트 성과를 이끌어 낼 수 있는 합리적인 방법이며(김광훈, 1999, 정종수, 2001, King, 2005), 인간적인 관계가 기술과 지식만큼 중요하기 때문에 컨설팅사와 고객 간의 성격적인 조화에 많은 주의를 기울여야 한다(한종극, 정태연, 2000).

제 2 절 ERP 프로젝트에 관한 연구

1. ERP 프로젝트 특성

ERP 시스템은 검증된 글로벌 표준의 프로세스를 기반으로 설계된 제품으로서 기업경영에 필요한 모든 자원을 관리해주는 거대한 소프트웨어이다. 단 한 번 입력된 데이터는 재입력될 필요 없이 전 부서의 정보를 포함하고 있기 때문에 데이터의 일괄적인 처리가 가능한 패키지이다(ESG 코리아, 2005). 즉 ERP 시스템은 전사적으로 처리되는 모든 트랜잭션 데이터를 통합하여, 부분 간, 전체 비즈니스 간 프로세스 통합을 가능하게 해준다. 이것은 단순히 정보 시스템 환경 변화를 의미하는 것이 아니라 조직의 변화를 일으키는 정보시스템이라고(Markus & Tanis, 2000) 볼 수 있다.

Bingi et al(1999)과 Majed(2003)에 따르면, 일반적으로 ERP 프로젝트와 소프트웨어 개발 프로젝트 간에는 현저한 차이가 있다고 한다. 대부분 개발 프로젝트는 소프트웨어를 위주로 한다. 그러나 ERP 프로젝트는 소프트웨어 프로젝트와 비즈니스 프로젝트로 구성되며(Wright & Wright, 2001) 정보시스템 프로젝트와 추진방법이 다르다. 예를 들면, 고객의 업무기능 확정까지

ERP 패키지가 가지고 있는 사상과 전체 효율성을 이해한 다음 자사에 적합한 최적의 기능과 추가개발 범위를 확정한다는 점이다(심기보, 2005). 필자의 경험에 의하면, 프로젝트 시작초기부터 사용계층별에 따라 지속적인 교육이 필요하며, 특히, 테스트 단계뿐 아니라 운영준비과정에서도 반복적인 사용자 교육이 요구된다. 이러한 반복적인 교육은 ERP 패키지의 기능을 제대로 알아야 자사의 프로세스를 합리적으로 개선하고, 업무처리 시 무리 없이 ERP 시스템을 사용하게 만들기 때문에 매우 중요한 고객과 컨설턴트의 활동이라고 볼 수 있다.

그러나 ERP 시스템은 모든 조직에 맞는 소프트웨어는 아니기 때문에 비즈니스 프로세스를 수행하거나 현 프로세스에 시스템을 적용하기 위해서는 시스템을 변경하거나 이를 맞추는 작업을 필요로 하게 된다. 이에 따라 조직도 함께 변화해야 하는 어려움이 뒤따른다(Luo & Strong, 2004). 따라서 ERP 프로젝트는 이해관계자들과의 강력한 협업이 요구되는 조직기반의 활동이며 기업의 프로세스 재설계와 상호 밀접하게 연결되어 있고(Wright & Wright, 2001, Xu et al., 2002) 기술적, 운영적, 관리적, 전략적, 그리고 조직적인 요소들로 구성되어 있기 때문에 IT(Information Technology)나 IS(Information System)와는 차원이 다를 수밖에 없는 것이다(Al-Mashari et al., 2003).

이상과 같이 ERP 프로젝트의 특성은 정보시스템과 다른 특성으로 인해 추진과정에서 많은 어려움을 야기시킨다. 본 장에서는 ERP 프로젝트 추진과정에서 구현에 어려움을 주고 있는 BPR 수행여부, ERP 제품도입 관점, 그리고 커스터마이징 정도 등에 따라 어떤 어려움이 있는지를 설명하고자 한다.

(1) BPR 수행에 따른 영향

BPR 수행여부에 따른 어려움을 살펴보면 아래와 같다.

BPR(Business Process Reengineering)은 "정보기술을 활용하여 프로세스를 변화시킴과 동시에 조직의 수행능력을 극적으로 향상시키는 혁신활동"으로 정의된다(이승한, 1999). 즉 BPR 은 ERP 프로젝트에서 IT 실행자(enabler)로서 기업전략을 달성할 수 있는 혁신과 조직 및 문화의 변화까지 이끌어내는 도구로서의 역할을 담당하고 있다.

이처럼 BPR 수행에 ERP 시스템을 도입하는 것은 BPR 이 조직성과에 긍정적 영향을 주기 때문이다(디지털타임즈, 2005). Bingi et al.(1999)에 의하면, BPR 은 조직적인 요인 중 최고경영층 지원, 교육 및 훈련 등에 조절효과를 주어 ERP 사용자 만족에 영향을 준다고 하였다. 천미선(2002)은 BPR 이 추진될 경우, 컨설팅 지원이 조직의 혁신차원에서 전반적인 영향을 미칠 것으로 기대되기 때문에 고객에 의한 평가결과가 양호하게 나타날 것으로 보고 있다. 따라서 BPR 은 성공적인 ERP 도입을 위해 필수적인 전제조건으로 간주되어 왔다(Bingi et al., 1999, 김상훈, 1998, 이재범 외. 1999).

일반적으로 BPR 과 ERP 를 접목하여 도입할 경우, 경영혁신 관점 차원에서 4 가지 접근 방법을 이용하여 시스템을 구축할 수 있다고 한다(최경일과 하영목(1999)). 첫째, 기존 업무의 전산화로 ERP 패키지를 모듈 라이브러리로 활용하고 일부는 보완 개발하는 방법이다. 둘째 BPR 을 실시한 후 ERP 패키지를 도입하는 방법이다. 이는 먼저 이상적인 프로세스를 정의하고 난 다음, ERP 패키지를 이용하여 구현하는 방식이다. 셋째, BPR 과 ERP 를 병행 수행하는 방법이다. 넷째, ERP 패키지를 그대로 적용하고 필요시 변화관리를 하는 방법이다.

ERP 의 도입에는 두 번째와 세 번째 방법이 권고되고 있는데, 이는 이 두 방법이 기업의 요구사항과 목표를 명확하게 정의할 수 있고 BPR 결과를 ERP 시스템에 반영할 수 있기 때문이다. 그러나 위의 두 가지 접근방법은 다음과 같은 단점을 가지고 있다(박진우 외, 2000).

두 번째 접근방법은 ERP 도입 전, BPR 을 별도로 추진해야 하므로 예산과 시간이 충분하지 않은 기업에서는 부담이 될 수 있다. 더불어 전사관점에서 추진되고 있는 프로세스 변화로 인해 상당한 저항이 증가할 수 있다. 또한, 재설계된 프로세스를 ERP 시스템에 반영하는 데 커스터마이징 비율이 높아져 도입기간이 장기화될 수 있고 비용 또한 증가될 우려가 크다.

세 번째 접근방법은 ERP 시스템에서 BPR 의 결과를 제대로 반영하지 못할 수 있다. 뿐만 아니라 국내 많은 기업들이 여전히 기존의 프로세스를 고집하여 As-Is 프로세스를 EPR 시스템에 반영하는 경우도 있다(천미선, 2002, 오토에버시스템즈, 2005, 박진우 외, 2000).

둘째, 제품 종류에 따라 ERP 의 구축은 어려움을 갖게 된다. ERP 제품이 잘못 선정될 경우, 기업은 금전적, 시간적 손실은 물론이거니와, ERP 도입의 실패를 경험하게 된다. 특히, ERP 도입에 필요한 예산, 인적, 보유한 기술력 등이 부족한 중소기업은 그 손실이 더 크다. 그러므로 ERP 패키지를 비교, 분석한 이후, 자사에 적합한 제품선택은 매우 중요한 작업이다(배충환, 2003).

(2) ERP 제품 선택에 따른 영향

Blaustein(1988)은 기업의 특정상황에 적합하면서 경영상의 문제를 해결해 줄 수 있는 제품 선택은 기업의 목적을 달성할 수 있는 과정으로서 오늘날까지 매우 중요한 연구주제 중 하나이다.

ERP 도입과정에서 자사의 업종과 업무에 적합한 ERP 시스템을 도입하는 것은 ERP 프로젝트 성공요인 중의 하나라고 볼 수 있다(Zhang et al., 2005, 김영문, 1997, 임세헌, 2003). 따라서 잘못된 ERP 제품선정은 기업에게 금전적, 시간적 손실과 더불어 ERP 도입의 실패를 낳게 된다(Fink, 1998).

ERP 제품종류는 크게 국산 ERP 제품과 외산 ERP 제품으로 구분된다. 국산 ERP 제품은 기업의 특성에 맞게 커스터마이징 해주는 부분에서 강점을 가지고 있고(소프트웨어진흥원, 2003) 패키지요구사항 수렴 정도, 각종 세금계산서처리 정도 그리고 세무회계 처리 측면에서 외산 ERP 보다 뛰어나다. 그러나 기술적인 측면에서는 성능의 불안정성, 벤치마킹 대상기업의 불충분한 확보 등의 문제가 발생할 여지가 있고(산업자원부, 2001), 관리적인 측면에서는 입력과정이 복잡하고 표준원가계산과 성과평가가 제대로 수행되지 않는다는 단점을 가지고 있다(이정희, 2003).

한편, 외산 ERP 제품을 도입할 경우, 국내 법규나 관행이 반영되지 못하여 이를 수정하는 과정에서 문제가 발생할 수 있다(산업자원부, 2001). 또한 외산 ERP 제품은 내용 이해에 상당한 시간을 필요로 하고(홍성찬 외, 1997), 고가의 컨설팅 비용을 요구하기 때문에 기업의 시간적, 경제적 부담을 증대시킨다(오재인, 1997). 특히, 과다한 문서화 작업과 복잡한 프로세스의 실행을 요구하는(배충환, 2003) 외산 ERP 제품은 그 효과를 반감시킬 가능성이 높다(조남재와 유용택, 1998). 따라서 ERP 제품의 종류에 따라 프로젝트 과정에서 고객이 체감하는 어려움은 다르게 느껴질 수 있다.

아래 [표 2-2]는 기존 연구에서 제시한 국산 ERP 제품과 외산 ERP 제품이 지닌 장·단점을 제시하고 있다.

[표 2-2] 국산 ERP 제품과 외산 ERP 제품의 장 · 단점 비교

구 분	국산 ERP 제품	외산 ERP 제품
장점	많은 개발인력과 경험 다양한 산업에 적용가능 모듈 간 통합 정도가 높음	도입기간의 단축 적절한 도입비용 한국기업에 필요한 기능중심 한국기업 요구에 신속한 대응 개발자가 직접 커스터마이징
단점	도입기간의 장기화 과도한 도입 인력 및 비용 유지보수에 많은 인원필요 한국기업 업무관행지원미비 한국기업에 불필요한 기능제고 익숙하지 않은 사용자인터페이스	상대적으로 개발인력 적음 다양한 기능제공 미흡 모든 산업에 적용 어려움

출처: 이용현(2004)의 ERP 도입과 성과에 관한 연구논문에서 발췌

(3) 커스터마이징 정도에 따른 영향

ERP 프로젝트에서 커스터마이징은 전통적인 정보시스템 개발과는 달리 범위가 크고 전사적으로 추진되는 경우가 많아 고도의 위험요인을 내포하고 있다(Luo & Strong, 2004). 그럼에도 불구하고 기업의 비즈니스를 ERP 시스템

에 반영하기 위해서는 반드시 커스터마이징이 요구된다.

커스터마이징은 고객의 요구에 의해서 발생되며 그 정도가 높을수록 구축기간 연장, 추가비용 증가 및 조직원들의 많은 노력과 비용지출 등에 비해 고객의 만족도 저하현상을 접하게 된다(Zhang et al., 2005, 김종형 외, 2004). 이것은 커스터마이징 발생과 정도에 따라 고객의 요구사항 반영 정도가 달라질 수 있으며 그에 따른 만족도 역시 차이가 발생될 수 있다.

따라서 커스터마이징 정도에 따라 ERP 프로젝트는 어려움을 겪게 된다. Themistocleous et al(2001), 서현주와 양희동(2005)에 따르면 커스터마이징은 ERP를 도입한 기업들이 직면하게 되는 가장 중요한 문제 중의 하나로 거론되고 있다.

그러나 커스터마이징은 고난이도의 수정과정을 필요로 하고, 개발기간, 품질상의 문제, 버전 업그레이드를 위해 상당한 노력을 요구한다. 이와 같이 커스터마이징은 ERP의 구축과정에서 예상치 못한 개발비용과 자원을 필요로 하는 경우가 많고 운영과정에서 지속적으로 다양한 문제점에 직면할 수 있다(김병곤 등, 1999, 정승민과 김준석, 2002, 천미선, 2002). 심지어 부문별 요구사항을 지나치게 수용하거나 또는 사용도 측면에서 많은 변경을 하다 보면 ERP 제품의 특성 중의 하나인 원래의 통합성이 사라지고 전사적으로 통합시스템을 구축하지 못하는 경우가 발생할 수도 있다. 더불어 프로젝트 규모 산정과 산출물의 버전관리가 어려워지고 추가개발에 따른 지식전달이 소외되는 현상도 일어난다. 그러므로 패키지 안정성과 프로세스 유연성을 유지하고 버전 업그레이드로 인한 자원 투입을 줄이기를 위해서는 불필요한 커스터마이징은 자제하고 글로벌 스탠더드를 수용하려는 노력이 요구된다.

이와 같이 ERP 프로젝트 추진과정에서 발생하는 많은 문제점들을 효율적으로 해결하기 위해서는 시스템 공급업체 또는 ERP 전문컨설팅 업체로부터 전문컨설팅을 받을 필요가 있다(전진영, 2004). 다시 말해, 개발자, 사용자, 관리자 및 컨설턴트 등이 서로 강력한 협업 체계를 추진하고 직원들 간에 원활한 의사소통이 이루어질 때, ERP 프로젝트가 제대로 추진될 수 있다(Huang,

2005). 또한 고객과 컨설팅사가 서로 유기적 관계를 기반으로 프로젝트를 추진하며 작업결과에 대한 상호간의 철저한 리뷰를 통해 작업의 완성도를 확인하고, 각 단계별 문제점을 정확히 파악할 수 있도록 구축과정의 평가체계를 갖추어야 한다. 즉 평가를 통해 발견된 문제점들은 개선과정을 거치고, 다음 단계로 진입할 필요성이 있으며 동시에 상호간에 수행한 작업수준 차이를 좁혀가는 활동을 지속적으로 이끌어 가야 한다(정희연, 이주헌, 2006).

선행 연구자들이 제시한 커스터마이징 정도에 따른 결과를 요약하면 다음과 같다.

커스터마이징 정도가 높을 경우, 프로젝트를 리딩하는 컨설팅사 입장에서는 구축과정이 복잡해짐에 따라 구축기간이 지연되고, 그에 따른 책임과 역할이 가중될 수밖에 없어 정해진 납기에 맞추기 위해 무리한 작업을 진행하게 된다(김종형 외 2004). 그러나 고객의 입장에서는 요구사항 수용으로 인해 동기유발이 되어 조직의 적합성이 높아져서 사용자에게 긍정적인 영향을 미칠 수 있다(서현주, 양희동, 2005).

한편, 커스터마이징이 낮을 경우, 컨설팅사 입장에서는 시스템통합성, 데이터 정합성 및 프로젝트 관리가 용이해짐에 따라 시스템의 품질이 향상될 수 있다. 반면 고객의 입장에서는 요구사항 수용이 미비하고 ERP 시스템 강제 적용 또는 BPR 수행에 따른 조직의 변화와 그에 따른 저항을 경험하게 됨으로써 상대적으로 고객의 업무수행 결과는 낮아질 수 있다(정희연, 이주헌, 2006).

2. ERP 프로젝트 실패요인

일반적으로 프로젝트 실패란 예산초과, 구축일정지연, 협업사용 불가 등의 현상을 말한다(박용기, 1998). ERP 프로젝트의 경우, 예정된 스케줄대로 가동되지 못했거나 추가개발을 무분별하게 함으로써 비용증가와 시스템 완전성에 심각한 영향을 미치는 경우를 말한다(심기보, 2005). 김성훈(2002)에 의하면, 프로젝트 이전에 계획했던 프로세스의 변화, 도입기업의 목표를 달성하지 못하거나 심지어는 재구축 작업을 진행하는 경우도 포함된다(김성훈, 2002). 물론 ERP 프로젝트의 진행 중간단계에서 프로젝트가 멈추었다면 당연히 실패한 것이다.

일반적으로 실패 가능성이 높은 ERP 프로젝트는 대부분 규모가 크고 구축범위가 광범위하며 복잡한 업무프로세스와 시스템 환경을 전제조건으로 하는 프로젝트이다(심기보, 2005). 때문에 구축기간이 연장되는 경우가 빈번하고 더불어 예산초과현상을 경험하게 된다. 이러한 경우는 단순히 프로젝트 관리 영역뿐 아니라 기술과 프로세스와 연관된 부분에서 심각한 위험이 나타나기도 한다(Trepper, 1999).

이와 같이 ERP 시스템은 복잡하고 구축하는 데 있어 도전과 많은 시간을 요구하는 고비용의 프로젝트이다(Davenport, 1998). 이러한 어려움을 제거하기 위해 ERP 시스템을 도입한 기업들은 ERP 프로젝트 실패율을 낮추고 효율적으로 구현하기 위해 지난 10 년 이상 동안 다양한 구축방법을 제시해 왔다. 그러나 불행하게도 그들은 제대로 수행하지 못했다(Hong & Kim, 2002).

본 연구는 ERP 프로젝트 실패요인으로 인해 발생하는 다양한 문제점을 프로젝트의 일반적인 관점과 구축단계별 관점에서 살펴보고자 한다.

먼저 ERP 프로젝트 전체 단계에 영향을 주는 실패요인은 크게 세 가지로 요약된다. 첫째, 최고경영자의 지원부족과 사용자 참여부족이다(Al-Mashari et al., 2003, Hong & Kim, 2002, Malbert et al., 2003, Umble et al., 2003, Yusuf et al., 2004). 둘째, 교육과 훈련이 과소평가되고 실행 시 일정의 압박으로 보다 적은 교육시간배정, 부문 간의 프로세스 이해도가 낮은 점이다(Bingi et al., 1999, Al-Mashari et al., 2003, Malbert et al., 2003, Umble et al., 2003, Yusuf et al., 2004). 셋째, 체계적인 프로젝트 관리 부족(Mark et al., 1998, Wright & Wright, 2001, Eihe & Madsen, 2005, 김성훈, 2002)이다.

다음으로 프로젝트 단계별 실패에 영향을 주는 요인을 정리하면, 도입단계에서는 명확하지 않은 전략과 목표수립, 최고경영자의 지원 및 확신 부족, 우수 프로젝트 팀 구성 미흡, 변화관리 미흡(Umble et al., 2003, O'Leary, 2002, Xue et al., 2005), 프로젝트 계획 미흡(Kumar et al., 2003, Barker

& Frolick, 2003) 등이며, 구축단계에서는 비즈니스 분석 및 재설계 미흡 (Sumner, 2000), 다양한 이슈해결 미흡, 프로젝트 관리 미흡(Umble et al., 2003, Yusuf et al., 2004), 내·외부 이해관계자와 협업 미흡 및 시스템 통합관련 기술적인 이슈(Yusuf et al., 2004, Motwani et al., 2002, O'Leary, 2002, Sumner, 2000), 컨설턴트 가이드 불신과 고객과 컨설턴트 간 의사소통 장애(Barker & Frolick, 2003), 데이터 이행실패와 정합성 유지 미흡 (Yusuf et al., 2004, O'Leary, 2002, Kremers & Dissel, 2000, 변지석, 2002), 부실한 시스템 설계 및 기술적인 문제(Motwani et al., 2002, O'Leary, 2002), 커스터마이징 전략 부재(김병곤, 오재인, 1999, 한상철, 이길형, 2003, Luo & Strong, 2004), 비효율적인 의사소통(Sumner, 2000), 변화에 대한 저항(Kumar et al., 2003), 사용자 참여부족(Yusuf et al., 2004, O'Leary, 2002, Barker & Frolick, 2003) 등이다.

정착화단계에서는 프로젝트 성과측정에 대한 공감대 형성 부족(한상철, 이길형, 2003), 데이터 정확성과 시스템 성능 미흡에 따른 시스템 완성도 부족 (오라클 매거진, 2005, 오토에버시스템즈, 2005) 등이 실패요인으로 제시되었으며 가동 무렵에는 프로젝트 팀과 컨설턴트, 종업원 간의 효과적 의사소통 미흡, ERP 효과 유무에 대한 책임소재에 따른 이슈해결 지연 및 시스템 개통 (go-live) 이후, ERP 유지보수, 업그레이드 등과 관련한 안정화 계획수립미흡 (Al-Mashari et al., 2003, 천홍말과 변지석, 2003, 장경서외, 2000) 등이 실패요인으로 제시되었다.

위에서 제시된 내용을 살펴보면, ERP 프로젝트 실패원인은 구축과정에 있으며, 특히 구축단계와 정착화단계에서 고객과 컨설턴트와의 불화와 상호간의 인식차이, 불신 및 의사소통장애 등의 현상으로 볼 수 있다. 이와 같은 현상은 각 단계에서 상호간의 효율적인 작업수행과 역할이 이루어지지 않기 때문에 결국 주요작업의 완성도와 품질 및 사용자 만족도에 영향을 미쳐 성공적인 ERP 구축을 어렵게 만든다(박문규, 2002, 장경서 외, 2000).

그럼에도 불구하고 대부분의 연구는 주로 구축 이후 운영 및 활용 그리고 성공요인 측면에서 이루어져 왔다. ERP 시스템을 성공적으로 구축하기 위해서는 도입부터 구축, 정착화 그리고 활용까지 모든 과정이 중요하다(임세헌, 2003). ERP 구축이 컨설턴트들에 의해 완성될 수 있다고 해도 우수한 고객의 지원이 가능하지 않으면 문제가 일어날 수밖에 없다. 특히, 정착화단계에서 고객과 컨설턴트가 서로 책임 있게 역할을 수행하지 않으면 ERP 의 안정화는 어렵다. 이러한 점에서, 고객과 컨설턴트는 상호 밀접한 관계 속에서 프로젝트를 추진해야 하고(Barker & Frolick, 2003) 시스템이 구축된 후에도 적절한 사후관리가 필요하다(이석준, 2001).

이에, 본 연구는 ERP 프로젝트 추진 과정에서 기업이 안고 있는 문제점을 사전에 예방하고 컨설팅사의 서비스 레벨을 높이기 위해서 ERP 프로젝트 평가모형을 개발하였다. 이는 고객사와 컨설팅사를 상호 평가함으로써 단계별로 이들이 체감하는 관점의 차이를 줄여서 성공적인 프로젝트 수행을 위한 가이드 라인을 마련하기 위함이다.

[표 2-3]는 ERP 프로젝트 실패요인을 공통부분과 단계별로 구분하여 정리한 내용이다.

[표 2-3] ERP 프로젝트 실패요인

단계	실패요인	참고문헌
공통	-. 최고경영자의 지원부족 -. 사용자 참여부족	Al-Mashari et al.(2003) Hong & Kim(2002) Malbert et al.(2003) Umble & Umble(2002)
	-. 교육과 훈련과소 평가	Bingi et al.(1999) Umble et al.(2003) Yusuf et al.(2004)
	-. 체계적인 프로젝트 관리부족	Wright & Wright(2001) Eihe & Madsen(2005) 김성훈(2002) Umble & Umble(2002)

단계	실패요인	참고문헌
도입	-. 불명확한 전략, 목표수립 -. 불적합한 프로젝트 팀 구성 -. 변화관리 미흡	Umble et al.(2003) O'Leary(2002) Xue et al.(2005)
	-. 프로젝트 계획 미흡	Kumar et al.(2003) Barker & Frolick(2003)
구축	-. 비즈니스 분석 및 재설계 미흡 -. 다양한 이슈해결 미흡 -. 프로젝트 관리 미흡	Sumner(2000) Umble et al.(2003) Yusuf et al.(2004)
	-. 내·외부 이해관계자와 협업미흡 -. 시스템 통합관련 기술적인 이슈	Motwani et al.(2002) O'Leary(2002), Sumner(2000)
	-. 컨설턴트 가이드 불신 -. 컨설턴트와의 의사소통 장애	Barker & Frolick(2003)
	-. 데이터 이행의 중요성 결여 및 실패 -. 데이터 정비 및 검증부족	Yusuf et al.(2004), 심기보(2005) Kremers & Dissel(2000) O'Leary(2002), 변지석(2002), 오토에버시스템즈(2005)
	-. 부실한 시스템 설계 -. 기술적인 문제 -. 커스터마이징 전략 부재 -. 불출분한 테스트(통합, 병행, 성능)	Motwani et al.(2002) 김병곤과 오재인(1999) 한상철과 이길형(2003) Luo & Strong(2004)
	-. 비효율적인 의사소통 -. 변화에 대한 저항	Sumner(2000) Kumar et al.(2003)
정착화	-. 성과측정에 대한 공감대 형성 부족 -. 시스템 완성도 미흡 후 오픈 -. 데이터 정확성, 시스템 성능 미흡	한상철과 이길형(2003) 천홍말과 변지석(2003) 오라클 매거진(2005) 오토에버시스템즈(2005)
	-. 프로젝트 팀과 컨설턴트, 종업원 간의 의사소통 미흡 -. 책임소재에 따른 이슈해결 지연 -. 안정화 계획 미흡	Meridian(2003), Nah(2001) Light(2001) Barker & Frolick(2003) 천홍말과 변지석(2003)

제 3 절 ERP 프로젝트 단계 및 성공요인에 관한 연구

ERP 프로젝트 단계별 주요활동과 성공요인은 고객사와 컨설팅사가 수행한 작업결과를 평가하는 데 기준이 된다. 즉 단계별 성공요인은 본 연구의 평가항목으로써 고객과 컨설팅사 입장에서는 하나의 활동으로 인식될 수 있다. 이와 관련된 연구로서 선행연구자가 제시한 프로젝트 단계별 활동과 단계별 성공요인을 살펴보고자 한다.

1. ERP 프로젝트 단계별 주요활동

(1) 구축단계별 주요 활동

ERP 프로젝트 구축단계는 주요활동에 관한 연구는 관점에 따라 다양하게 구분된다.

Zhang(2005)은 ERP 시스템 구축단계를 선정단계, 구축단계, 최적화 등 3단계로 분류하였다. 먼저 선정단계에서는 ERP 패키지 선정, 파트너십 유지, 계약업무를 추진한다. 그 다음, 구축단계에서는 비즈니스 프로세스 재설계, ERP 시스템 구축 및 운영 시스템으로 전환활동을 수행하고 최적화 단계에서는 시스템 개선과 지속적인 비즈니스 성과향상 등의 노력을 기울인다고 하였다.

Yusuf et al.(2004)는 ERP 프로젝트 단계를 3 단계로 구분하였다. 1 단계는 전략과 방향설정 단계로서 프로젝트 범위 설정, 전체 비용 및 자원계획수립, 실행 위원회 구성, 핵심 팀을 구성한다. 2 단계에서는 상세계획과 프로토타이핑 시스템이 인스톨되는 단계로서 프로세스 모델 개발, High-level 설계리뷰, 시스템 통합설계와 구현, 사용자 승인테스트, 시스템 변화작업 및 사용자 교육을 실시하고 3 단계에서는 시스템 개통을 위한 준비와 시스템전환 활동을 수행한다.

Mandal and Gunasekaran(2003)은 성공적인 ERP 구축프로젝트를 수행하

기 위해서는 여러 부서의 요구사항을 수용할 수 있는 통합된 접근방법이 필요하다고 언급한다. 이에 따라 ERP 프로젝트 진행 단계를 구축 전 단계, 구축단계, 구축 후 단계 등 3 단계로 구분하였다. 구축 전 단계는 주로 ERP 구축 개념정의, 프로젝트 준비와 계획을 수행하는 단계이다. 이 단계에서는 변화관리 계획서 안에 품질관리 계획과 위험관리 계획을 포함시켜 프로젝트 계획을 좀 더 구체적으로 준비하고, 단계를 세분화시켜 개인 간의 의사소통과 내부활동에 관한 상세한 작업계획을 준비한다. 구축단계에서는 실질적으로 프로젝트를 수행하는 단계로서, 구축 전 단계에서 준비한 계획서를 토대로 예측 가능한 또는 예측하기 어려운 위험요인을 파악한다. 또한 최고경영자로부터 적극적인 지원을 받아 사용자와 개발자 간의 협업을 위해, 동기를 유발시키고 스텝요원들이 친숙해지도록 교육을 실시한다. 더불어, 프로젝트 상세계획을 이해관계자들과 수시로 공유하는 활동도 한다. 마지막으로 구축 후 단계에서는 ERP 시스템을 승인하고 프로젝트를 종료하며 구축 이후 효과와 유효성을 평가하는 단계이다. 이 단계는 초기에 합의했던 프로젝트 목표달성 여부를 검토하고 이 정보가 정확한지 기술부분의 수용여부를 리뷰한다.

Kumar et al.(2002)는 ERP 프로젝트 구축단계를 계획, 구성(configure-tion), 테스트 및 시스템 개통(go-live) 등 4 단계로 구분하였다. 먼저 계획단계에서는 시스템을 계획하고 기대효과를 분석하며 프로젝트 범위를 확정하는 작업을 진행한다. 구성(configuration)단계는 시스템 인프라 구조를 설계하고 프로세스 및 추가개발용 프로그램을 만드는 단계이다. 테스트단계에서는 사용자 교육과 ERP 통합테스트 및 성능테스트를 실시하고 마지막으로 시스템개통(go-live)단계에서는 지속적인 사용자 교육과 시스템 운영에 필요한 문서를 완성한다.

O'Leary(2002)는 ERP 구축과 운영상에서 발생되는 주요 문제점과 이 과정에서 고려되어야 할 사항에 대해 1~15 년의 ERP 구축경험을 가진 전문가들로부터 다양한 의견을 수렴하였다. 그에 따르면, ERP 구축단계는 프로젝트 준비단계, 설계단계, 구축단계, 실전과 배치(go-live)단계 그리고 교육단계로 구분하였다.

Rajagopal(2002)은 SAP, BaaN, Oracle ERP 3 벤더사의 제품을 적용한 6 개 제조업체를 대상으로 케이스 분석을 실시한 연구에서 Kwon 과 Zmud(1987)가 제안한 IT 구축 6 단계인 입문단계(Initiation), 채택단계(adoption), 적용단계(adaption), 승인단계(acceptance), 일상화단계(routinization) 그리고 주입단계(infusion)를 이용하여 ERP 구축과정을 분류하고 각 단계별 주요활동을 매핑하였다. 입문단계(initiation)는 조직에 영향을 주는 주요요인을 정의하는 단계이며, 적용단계(adoption)는 ERP 시스템 구축에 대한 투자효과분석, 구축업체 선정, 제품 선정, 목표설정, 예산과 일정수립 그리고 인도산출물을 결정하는 단계이다. 채택단계(adoption)는 비즈니스 변화를 요구하는 단계로서 비즈니스 재설계를 수행하며 승인단계(acceptance)는 ERP 시스템이 조직에서 사용 가능한 시기로 다양한 문제점을 해결하고 쉽고 편리하게 시스템을 사용할 수 있도록 지속적인 개선활동을 실시한다. 일상화단계(routinization)는 사용자가 ERP 시스템을 승인테스트 하는 단계이며 마지막 주입단계(infusion)는 ERP 시스템이 조직에 성과를 높여주는 단계로서 레가시 시스템에서 지출되는 유지보수 비용보다 적은 비용으로 운영되는 시점이다. 주입단계는 6 단계 중 가장 짧은 시간이 요구되는 단계로서 현재의 환경에 빠르게 대응할 수 있는 시기이다.

Parr and Shanks(2000)는 ERP 프로젝트 구축모형(PPM: Planning Project Enhancement) 개발연구에서 ERP 프로젝트 단계는 계획단계, 프로젝트 단계, 향상 단계로 구분하였다. 계획단계에서는 ERP 패키지 선정, 실행위원회(steering-committee) 구성, 프로젝트 범위 및 구축접근 방향 정의, 전문가로 구성된 투입인력을 선정한다. 프로젝트 단계에서는 현행 업무분석, 업무프로세스 재설계(BPR), 업무 프로세스와 ERP 기능과의 매핑, 소프트웨어 구성(configuration 설정) 및 실 데이터를 이용하여 인터페이스와 개발 프로그램을 테스트하고, 사용자 테스트, 시스템 테스트, 시스템 인스톨, 사용자 교육 및 훈련을 실시한다. 향상단계에서는 ERP 시스템 유지보수, 버전업 그리고 ERP 시스템을 현장으로 내재화시키는 활동을 실시한다.

Markus and Tanis 는(2000) ERP 시스템 구축과정을 준비단계, 프로젝트단계, 정착단계 그리고 향상단계 등 4 단계로 구분한 후, 각 단계별 주요활동과 이 과정에서 발생할 수 있는 문제점을 제시하였다. 준비단계에서는 ERP 업체선정 및 컨설팅사 선정, 프로젝트 관리자 선정, ERP 패키지 선정, 주요성과에 따른 측정지표 설정, 조직적 변화와 그에 따른 보상 및 프로젝트 계획을 수립한다. 프로젝트 단계에서는 팀 구성 및 역할분담 명확화, 소프트웨어 구성(configuration), 시스템 통합, 시험, 자료변환, 팀원 교육, 관리진행, 프로세스 혁신(BPR), 의사소통과 변화관리, 소프트웨어 커스터마이징 및 사용자 교육과 훈련 등을 실시한다. 정착화단계에서는 운영체계준비 및 운영담당자 역할준비, 기술이전, 시스템 버그수정과 개선, 성능향상, 문제해결, 추가적인 교육 및 성과측정 활동을 수행하며 마지막 향상단계에서는 지속적인 업무개선과 시스템 개선 그리고 기술이전을 실시하고 이를 정착화시키기 위해 조직구성원의 역할을 정의한다.

Markus et al.(2000)는 기업마다 성공적으로 ERP 시스템을 구축하는 과정이 서로 어떻게 다른 경험을 하는가에 관한 연구에서 ERP 프로젝트를 프로젝트단계, 시운전단계, 향상단계로 구분하고 각 단계별 주요활동을 제시하였다. 프로젝트단계에서는 ERP 시스템을 기업의 업무에 맞도록 구성하고 조직내부에 착수시키는 단계로서 팀을 구성하고, 시스템을 현 조직 상황에 맞도록 구축하며 비즈니스 프로세스를 재설계한다. 또한 추가개발, ERP 시스템 수정 및 전사시스템과의 통합 구축, 소프트웨어구성(configuration)정의, 의사소통, 변화관리, 데이터정비 및 변환작업, 새로운 시스템 테스트와 사용자 교육 등을 실시한다. 시운전 단계에서는 ERP 시스템을 운영상태로 전환시켜 새로운 시스템과 새로운 비즈니스 프로세스가 정상적으로 운영될 수 있도록 조직원들에게 변화관리를 실시한다. 이에 따라 이슈 또는 에러 등을 신속히 수정, 개선할 수 있도록 업무프로세스에 맞는 상세절차를 정의한다. 향상단계에서는 ERP 시스템으로부터 기술적인 보완을 실시하며 업무개선을 통해서 다음 단계를 준비하고 비즈니스 관점에서 효과를 얻는 단계이다. 시운전 이후, 시스템을 지속적으로 개선하고 버전 업그레이드와 추가적인 모듈을 적용하며 사용자의 IT 스킬 업과 기업의 목표달성을 위해 프로세스를 지속적으로 개선한다.

Sumner(2000)은 ERP 프로젝트 단계를 도입단계, 구축단계, 안정화 단계 등 3 단계로 구분하고 전통적인 IS 개발 5 단계와 매핑 관계를 제시하였다. IS 구축과정 중 계획단계는 ERP 도입단계로 정의하고 ERP 구축단계를 요구사항 분석단계, 시스템 설계단계 및 구축단계로 정의하였다. 마지막 유지보수단계는 ERP 안정화 단계로 매핑하였다.

Parr and Tanis(1999)는 ERP 구축단계를 사전준비단계(chartering phase), 프로젝트단계(project phase), 정착단계(shake-down phase) 및 향상단계(onward and upwards) 등 4 단계로 구분하였다. 사전준비(chartering)단계에서는 ERP 패키지를 선정하고 프로젝트 관리자를 정의하며 ERP 구축에 필요한 예산과 일정을 승인한다. 프로젝트 단계에서는 Ross'(1998)가 제시한 프로젝트단계와 유사한 단계로서 구축, 테스트 그리고 실제 ERP 시스템을 구현한다. 이 단계는 To-Be 프로세스에 맞도록 소프트웨어를 구성(configuration)하고, 시스템을 통합하며 테스트, 데이터이행, 교육 및 훈련을 실시한다.

Ng et al.(1999)는 ERP 시스템이 성공적으로 구축되지 못한 이유 중의 하나는 부적합한 ERP 구축 방법론과 설계방법에 있음을 지적하고 BPR 구현방법을 토대로 Hierachical Design Pyamid(HDP)라는 개념적인 모델을 제시하였다. 이 모델은 계획단계, 프로세스 재설계 단계, 시스템 설계단계, 시스템 평가 등 4 단계로 구분된다. 계획단계에서는 프로젝트 범위와 목표를 정의하고 구축가능성에 대한 타당성 조사를 실시하며 프로젝트 계획을 수립한다. 프로세스 재설계 단계에서는 시스템을 분석하고, 프로세스를 재설계하며 타사의 프로세스 벤치마킹을 통해 핵심 비즈니스 프로세스와 관련된 정보를 To-Be 프로세스 설계에 반영하는 활동을 수행한다. ERP 시스템 설계단계에서는 사용자 요구사항 정의 및 분석, 현 시스템 분석, 설계, 새로운 시스템 테스트활동을 실시하며 마지막 ERP 시스템 평가단계에서는 프로젝트 기간과 비용을 측정하고 데이터 정확도를 높이기 위해 ERP 시스템과 타 시스템 간의 원활한 통합활동을 한다.

Kishore(1999)는 ERP 프로젝트 단계를 구현 전 단계, 구현단계, 구현 후 단계로 구분하였다. 구현 전 단계에서는 프로젝트를 준비하는 단계로서 기업의 목표달성을 위해 정보기술전략을 수립한다. 구현단계에서는 준비된 목표와 목적들을 실제로 구현하고, 구현 후 단계에서는 주로 새로운 시스템으로부터 예상되는 일과 변화를 관리한다.

최광돈(2000)은 사전준비단계, 구현단계, 정착화단계로 구분하였다. 사전준비 단계에서는 문제발생의 위기 또는 한계상황을 인식하고 경영전략 및 경영 환경분석, 정보화 전략 계획수립을 하며 새로운 해결책을 모색한다. 또한 조직구성원들의 공감대 형성과 전사적인 합의 도출을 위한 변화관리 계획을 수립하고, 기업목적에 맞는 ERP 패키지 선정 및 적정한 하드웨어 공급업체 선정, 컨설턴트 등의 파트너 선정작업을 한다. 구현단계에서는 프로젝트 팀을 구성하고 업무프로세스 재설계 및 프로세스 시나리오를 작성한다. 또한 ERP 시스템 구현 및 수정, 타 시스템과의 인터페이스 방향설정, 데이터 표준화 및 변환방안 수립, 이행, 정보기술 하부구조설계 및 구축 등을 수행한다. 정착화 단계에서는 ERP 구축결과를 평가하여 목표대비 실적차이를 분석한다. 그리고 새로운 시스템으로부터의 발생한 문제점을 해결하고, 시스템 안정화 작업 및 시스템 운영방법을 계획하고 실행한다. 더불어 새로운 환경에 적응할 수 있도록 현업사용자 교육과 훈련을 지속적으로 실시한다.

김성훈(2002)은 ERP 프로젝트 구축단계를 준비단계, 분석단계, 설계단계, 설치단계 및 운영단계인 6 단계로 구분하였다. 준비단계에서는 추진조직을 정비하고 추진방법을 정의한 후 관련 팀들과 공유하는 단계이다. 이 단계에서는 인프라 구축, ERP 구축전략수립, 팀 구성 및 교육계획을 수립한다. 분석단계에서는 현업의 요구사항을 명확히 파악하고 TO-BE 프로세스를 구체화하는 단계로서 현 업무를 분석하고 To-Be 프로세스를 작성하며 ERP 시스템과의 차이분석 활동을 수행한다. 설계단계에서는 상세한 수준의 To-Be 프로세스를 설계하고 최종확정하며, 이에 대해 고객과 최고 경영자에게 승인을 얻는 단계로, 팀별 프로토타이핑 수행과 업무 간의 통합부분 검증 및 변경 요구사항을 추가적으로 개발한다. 설치단계에서는 운영에 필요한 제반 준비사항을 점검하고 실데이터를 입력하여 시스템을 가동하는 단계로서 데이터 이행, 사용자 교육, 시스템운영 절차수립 등을 수행한다. 마지막 운영단계에서는 ERP 시스템의 안정화를 지원하는 단계로서 업무수행 시 ERP 시스템에서 발생하는 문제점을 해결하고 예외업무에 대한 운영기준 등을 정의하며 현업교육을 지속적으로 실시한다.

박문규(2002)는 ERP 구축단계를 Markus 와 Tanis(2000)의 선행연구를 근거로 사전준비단계, 프로젝트단계, 정착단계, 향상단계 등 4 가지 단계로 분류했다. 사전준비단계는 기업환경 분석, 정보화 계획수립, ERP 패키지 도입을 통해 업무 프로세스 혁신을 준비하는 단계로서, 기업의 경영목적과 비전을 설정하고 이에 맞는 협력업체를 선정한다. 프로젝트 단계는 프로젝트 팀원 구성과 업무를 할당하고, 프로세스 재설계를 통한 경영혁신, 소프트웨어 구성, 커스터마이징, 데이터이행, 시스템 통합, 시스템테스트, 사용자 훈련 및 교육 등을 실시하는 시스템 구축단계다. 정착화단계는 시스템의 정상운영 및 사용을 일상화하는 단계로서 오류 수정, 시스템 성능평가, 사용자 재교육, 비효율적인 부문개선 등을 실시한다. 향상단계에서는 지속적인 유지보수와 ERP 시스템의 기능을 강화하며 새로운 소프트웨어 업그레이드를 실시한다.

신예돈과 김성수(1999)는 ERP 구축단계를 시스템 준비단계, 시스템 구축단계, 시스템 운영단계인 3 단계로 분류했다. 시스템 준비단계에서는 기업의 비전 및 목표를 설정하고 구축계획을 수립하며 ERP 패키지선정, 프로젝트 팀 구성 및 역할정의, 사전교육, 파트너 및 컨설턴트 선정 등의 활동이 이루어진다. 시스템 구축단계는 업무프로세스 모델설정, 데이터 모델설정 및 마스터데이터 준비 등을 수행하고 마지막 운영단계에서는 초기에 설정한 목표와 실제 실적 간의 차이를 분석하여 시스템 운영방법을 계획하고 실행한다.

[표 2-4]는 여러 연구자들이 제시한 프로젝트 구축단계를 도입, 구축, 정착화단계로 매핑한 표이며 [표 2-5]는 ERP 구축단계를 3 단계로 구분하여 주요 활동에 관한 선행연구를 정리한 것이다. 앞에서 살펴본 것처럼 ERP 구축과정은 도입, 구축, 정착화 등 3 단계로 귀결되고 있다.

[표 2-4] 연구자별 ERP 프로젝트 단계 연구

단계	Zhang (2005)	Weston (2001)	Kumar et al. (2002)	O'Leary (2003)	Rajagopal (2002)	Parr& Shanks (2000)	Markus& Tanis (2000)	최광돈 (2000)
도입 단계	ERP 제품 선정 단계	사전 준비 단계	계획 단계	비즈니스 단계	입문단계	계획단계	준비 단계	도입 단계
구축 단계	구축단계	프로젝트 단계	Configuraiton 단계, 테스트단계	시스템 설계단계, 시스템 구축단계	채택단계, 승인단계, 일상화 단계	프로젝트 단계	프로젝트 단계	구축단계
정착화 단계	최적화 단계	사후구현 단계	시스템 개통단계	시스템개 통단계, 교육단계	주입단계	정상화 단계, 향상단계	정착화 단계	정착화 단계

[표 2-5] ERP 구축단계별 주요활동에 관한 연구

단계	주요활동	Zhang (2005)	Yusuf Et al. (2004)	Parr & Shanks (2000)	Markus & Tanis (2001)	최광돈 (2000)	신예돈, 김성수 (1999)
도입 단계	경영환경분석				O	O	
	정보화 계획수립	O	O	O	O	O	O
	ERP 제품선정, 업체선정			O	O	O	O
	프로젝트 계획수립	O		O	O	O	O
	변화관리 계획수립		O		O		
	변화공감대 형성				O	O	
구축 단계	TO-BE 모델링(설계)	O	O	O	O	O	O
	프로토타이핑		O	O	O		
	데이터 표준화			O	O	O	O
	데이터변화(이행)	O	O	O	O		
	커스터마이징/인터페이스	O	O	O	O		
	테스트(통합/성능)	O	O	O	O	O	
	사용자 교육, 훈련	O			O	O	
	프로젝트 관리	O			O	O	
	의사소통 및 변화관리	O					O
정착화 단계	운영준비 계획		O	O	O	O	O
	오류수정 및 개선	O		O	O		O
	사용자 재교육	O				O	
	프로세스 개선	O		O		O	O
	성과 측정					O	O

(2) 벤더사의 구축단계활동

체계적인 ERP 프로젝트를 추진하기 위해서는 구축방법론이 필요하다. ERP 패키지를 제공하는 벤더사 또는 컨설팅사에서는 자사에 특화된 구축방법론을 제시하고 있는데 대표적으로 SAP 의 ASAP 방법론, Oralce 의 AIM 방법론, SSA(System Software Associates, Inc)에서 사용하는 BASIS 방법론 등이 있다. 이 가운데 가장 폭넓게 사용하고 있는 것이 SAP 의 ASAP 방법론과 오라클의 AIM 방법론이다.

가. SAP ASAP 방법론

SAP 의 ASAP 방법론은 [그림 2-2]과 같이 프로젝트 준비단계(project preparation), 비즈니스 상세설계(business blueprint), 구현단계(realization), 최종준비단계(final preparation), 시스템 개통 및 지원(go-live & support) 등 5 단계로 구분된다(SAP Korea, 2003).

프로젝트 준비단계에서는 초기 프로젝트 계획수립과 필요한 제반 사항을 준비하는 단계이다. 이에 따라 구축범위와 전략을 정의하고 전체 일정과 자원배정을 수립한다. 그리고 난 후, 프로젝트 팀과 그에 따른 역할 분담을 정의하고 TFT(task force team)를 중심으로 프로젝트 추진에 대한 공감대를 형성학 위해 워크숍을 실시한다.

비즈니스 상세설계단계에서는 ERP 구현을 통해 변화하게 될 기업의 향후 청사진을 자세하게 기술하고 SAP 에서 구현되는 과정을 정의하는 단계이다. 여기서는 기간 계 시스템을 고려한 조직구조 설계와 To-Be 프로세스를 정의하고 ERP 시스템과의 매핑 작업을 통해 차이점을 분석하여 그에 따른 해결책을 도출한다. 또한 기간 계 시스템과 ERP 와의 연결부분인 인터페이스를 정의하고 ERP 의 기능을 조직내부에 스며들 수 있도록 소프트웨어구성(configuration)과 업무기준을 정의한다. 그리고 프로세스와 조직구조의 변화에 따른 저항을 최소화할 수 있도록 변화관리 활동을 현장 중심으로 실시한다.

구현단계에서는 고객의 요구사항과 Configuration 을 검증하는 단계로서 ERP 시스템과 To-Be 프로세스 간의 차이점을 해결하기 위해 추가개발을 실시하며 데이터 정비작업과 표준화 작업을 실시한다. 뿐만 아니라 다른 모듈과의 통합을 검증하기 위해 통합테스트 시나리오를 작성하고 테스트를 수행하며 교육계획과 교재를 작성한다.

최종준비 단계에서는 시스템개통을 위한 마지막 테스트 단계로서 정비한 데이터를 ERP 시스템으로 이행하고 시스템관리와 업무처리를 위해 최종준비 작업을 수행한다.

마지막 단계인 시스템 개통 및 지원 단계에서는 전환 초기에 발생되는 문제점을 해결하고 장기적인 지원체제를 수립하는 단계이다. 이 단계에서는 헬프데스크 운영, 프로젝트 평가 및 종료, 오픈 이슈와 그에 따른 해결모색, 시스템 최적화 등의 작업을 수행하고 초기 설정한 프로젝트 KPI(Key Performance Indicator)를 측정하여 보상시스템과 연계한다.

[그림 2-2] SAP ASAP 방법론

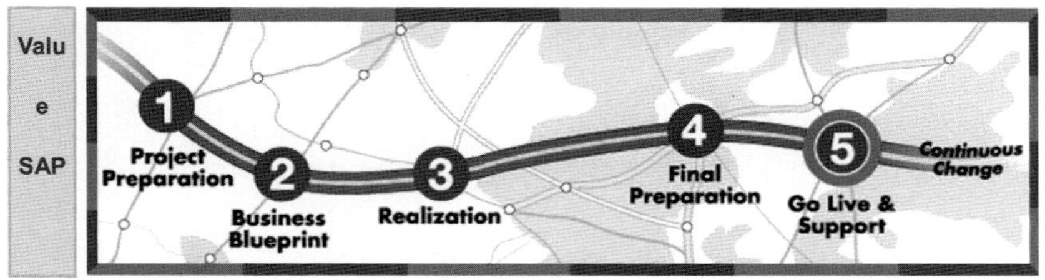

나. 오라클 AIM 방법론

오라클의 어플리케이션 구현방법론(Application Implementation Method: AIM)은 패키지화된 프로젝트를 전반적으로 가이드하고 관리할 수 있는 여러 프로세스가 있어서 각 단계별로 참여하는 모든 사람들이 해당 작업에 대한 계획을 수립하고 효과적인 프로젝트를 할 수 있게 도와준다. AIM 은 ERP 구축단계를 정의단계, 분석단계, 설계단계, 구축단계, 전환단계, 운영단계 등 6 단계로 분류하는데, 이를 살펴보면 다음과 같다.

정의단계(1 단계)에서는 프로젝트를 정의하고 추진범위, 접근방법, 단계별 주요활동 및 일정계획 등이 포함된 작업계획을 수립한다. 또한 업무범위, 팀의 역할분담, ERP 교육의 실시 및 프로젝트의 시작을 알리는 착수회의(kick-off)를 한다.

분석단계(2 단계)에서는 As-Is 분석과 현업요구사항을 조사하여 To-Be 프로세스와 ERP 시스템과의 차이점을 도출하고, 기준정보 표준화, 이행전략과 테스트 전략 등의 계획을 수립한다.

설계단계(3 단계)에서는 To-Be 프로세스 상세설계, 기준정보 정비, 데이터 이행, 커스터마이징 설계 및 타 시스템과의 통합을 위한 설계와 개발 작업을 진행한다.

구축단계(4 단계)에서는 프로세스별로 시나리오를 작성하여 통합테스트와 이행데이터를 검증하는 작업을 하는데, 이 단계는 최종 To-Be 프로세스가 완성되는 단계이다. 전환단계(5 단계)에서는 시스템 사용과정에서 발생하는 이슈를 해결하며 사용자 숙련도 향상을 위해 교육을 실시함과 동시에 향후 시스템 운영을 위해 유지보수 계획을 실시한다.

마지막 운영단계(6 단계)에서는 시스템이 정상적으로 가동되고 사용자 중심의 시스템으로 운영될 수 있도록 지속적인 관리와 팀원의 능력을 평가한다. 〈그림 2-3〉는 오라클 단위 프로세스가 포함된 AIM 방법론이다.

[그림 2-3] AIM 오라클 ERP 구축방법론

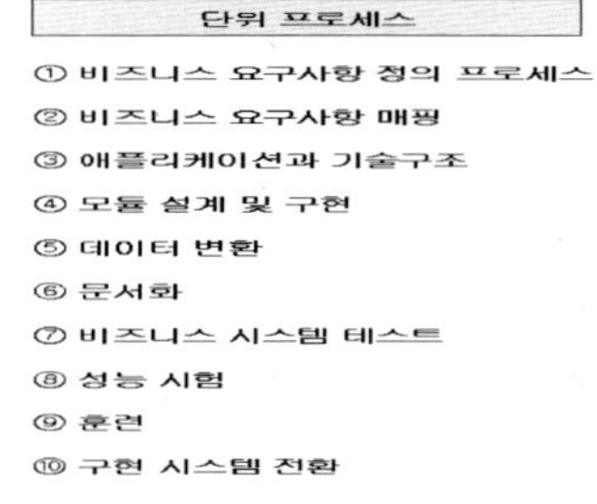

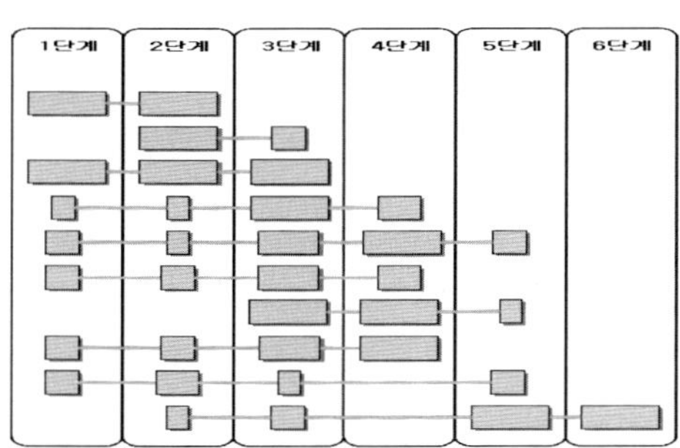

다음 [표 2-6]는 SAP ASAP과 Oracle AIM 방법론이 제시하고자 하는 작업항목을 도입, 구축, 정착화단계로 구분하여 정리한 표이다.

[표 2-6] SAP ASAP와 Oracle AIM 방법론의 프로젝트 단계별 매핑

구 분	도입단계	구축단계	정착화단계
SAP	〈준비단계〉 프로젝트 계획수립 범위설정 및 전략수립	〈설계, 구현, 최종준비〉 To-Be 프로세스 설계 ERP와의 갭 분석 인터페이스와 시스템 통합 데이터 표준화 테스트	〈개통, 지원〉 헬프데스크 운영 프로젝트 평가 및 종료 오픈이슈 해결 및 지원 시스템 최적화
Oracle	〈정의단계〉 프로젝트 작업계획 수립	〈분석단계, 구축단계〉 As-Is 분석 ERP와의 갭 분석 To-Be 프로세스 설계 시스템 통합	〈전환단계, 운영단계〉 사용자 교육 유지보수계획수립 시스템 운영 및 개선

2. ERP 프로젝트 단계별 성공요인

(1) ERP 일반적 프로젝트 성공요인

주요 성공요인이란(CSF: Critical Success Factors) 기업의 목표를 달성하기 위한 여러 요소 중에서도 성공을 이끌어 내는 요인으로 정의된다(최광돈, 2000). 프로젝트 성공이란 궁극적으로 정보시스템을 도입한 기업이 프로젝트 초기부터 지향하고자 하는 목표가 어느 정도 달성되었는가를 판단하는 것이다.

주요 성공요인에 관한 분석결과는 ERP을 도입하려는 기업에게 프로젝트를 추진할 수 있는 성공적인 전략을 수립할 수 있도록 도와주며, 이를 통해 보다 효과적으로 프로젝트 성과를 이끌어 낼 수 있다(김승한, 1999).

ERP 프로젝트 성공과 관련된 선행 연구는 크게 두 가지 유형으로 분류될
수 있다. ERP 구현에 관한 연구(김병곤과 오재인, 1999, Davenport, 2000,
Markus & Tanis, 2000, Kumar et al., 2003, Xue et al., 2004, Zhang et
al., 2005, Tchokogue et al., 2005)와 ERP 주요 성공요인에 관한 연구(오재
인과 이석주, 1998, 최상돈, 2000, 박문규, 2002, Parr & Shanks, 2000,
Barker & Frolick, 2003, Umble et al., 2003)가 그것이다.

이에 본 연구는 위에서 제시된 두 가지 유형을 중심으로 ERP 프로젝트 추
진과정에서 직접적인 관련이 있는 성공요인을 다루고자 하는데 이를 다시 일
반적인 성공요인과 ERP 프로젝트 단계별 주요 성공요인으로 구분하여 제시한
다. 먼저 ERP 시스템 구축과 관련된 일반적인 성공요인에 관한 선행연구를 살
펴보면 다음과 같다.

Sun et al.(2005)은 ERP 시스템 구축과 관련된 주요 성공요인을 평가하는
프레임워크 연구에서 Cantu(1999)가 제안한 조직 관리, 프로세스, 기술, 데이
터 그리고 사람 등의 성공요인을 바탕으로 ERP 시스템의 구축목표 달성여부
를 판단하였다. Sun et al.(2005)이 제시한 성공요인 프레임워크는 Cantu
(1999)가 제시한 다섯 가지 세부속성을 담고 있는데 그 상세한 내용은 [표 2-
7]과 같다. 먼저 조직관리 측면에서는 교육, 참여여부 프로젝트 팀 선정 훈련
그리고 역할과 책임 등을, 프로세스 측면에서는 프로세스 재설계, 통합 문서
화를, 기술적인 측면에서는 하드웨어, 소프트웨어, 시스템 관리 및 인터페이
스를 성공요소로 정의하였다. 데이터 측면에서는 마스터 데이터, 트랜잭션 데
이터, 데이터 구조와 무결성을, 사람적인 측면에서는 교육 및 훈련, 스킬 계발,
지식전수 등을 성공요소로 제시하였다. 그 결과, 사람이라는 성공요인이 ERP
프로젝트에서 가장 우선순위가 높았고, 그 다음으로 중요한 성공요인은 데이
터로 선정되었다. 이는 성공적인 ERP 프로젝트 추진을 위해 기술보다 사람이
더 중요함을 시사하고 있다.

King(2005)은 성공적으로 ERP 프로젝트를 추진하는 데 가장 유력한 예측
변수를 두 가지 제안하였다. 첫째, 고객과 컨설턴트의 관계와 관련된 사항이

다. 이 변수는 고객과 컨설턴트와의 신뢰형성이 중요하다는 것을 강조하고 있다. 둘째, 표준화된 작업방법으로서 고객과 컨설턴트가 프로젝트에 필요한 정보를 얼마나 공유하고 있는가 하는 점이다. 이러한 두 가지 요인을 갖추기 위해서는 먼저 프로젝트팀의 요원들이 조직 내에서 가장 우수한 전문가들로 구성되어야 한다. 이를 위해 먼저, 성과에 대한 충분한 보상체계가 갖추어져야 하고 또한 원활한 팀워크를 유지하기 위해서 사전에 먼저 인터뷰를 거쳐야 한다. 이와 더불어 현장 상황에 적절하게 대처할 수 있는 컨설턴트를 투입하여 자연스런 관계를 유지할 수 있는 프로젝트 환경을 만드는 것이 중요하다.

Tchokogue' et al.(2005)은 성공적인 ERP 시스템 구축에 영향을 주는 주요 요인을 전략과 전술 그리고 운영관점으로 분류하고 조직 내부에 ERP 시스템이 스며들 수 있도록 필요한 전제사항을 제시하였다. 전략적인 레벨에서는 ERP 구축에 대한 최고경영자의 명확한 비전제 시와 구축에 필요한 비용 및 인력을 할당하며 전술적인 레벨에서는 신뢰할 수 있는 기술분야의 파트너와 관계를 유지하고 그들의 작업과정을 정량적으로 평가할 수 있는 평가지표를 개발해야 한다. 운영관점에서는 변화에 따른 리더십을 개발하고 프로세스 수행을 위해 핵심역할을 담당할 지식전수 팀을 가동하는 것이 필요하다.

Somers and Nelson (2004)는 ERP 시스템 구축에 필요한 주요활동과 프로젝트에 관련된 핵심주체들의 역할을 제시한 연구에서 제한된 프로젝트 자원을 어떻게 최대한 활용하느냐가 중요하다고 지적하였다. ERP 프로젝트 모든 단계에서 요구되는 주요 성공요인은 최고경영자의 전폭적인 지원, 명확한 목표 설정, 범위확정, 프로젝트 챔피언십 제도수립 그리고 사용자에게 프로젝트의 목적을 알리고 조직원들과의 공감대를 형성하는 것이다. 이를 수행하기 위해서는 조직의 변화를 담당할 책임자를 선임하고 동시에 실행위원회(steering committee)의 적극적인 활동이 필요하다. 한편, 프로젝트 관리체계상 주요 성공요인은 기업에 적합한 ERP 시스템을 선정하고 구축과정을 체계적으로 모니터링 하는 것이며 컨설턴트의 적극적인 구축가이드와 지식전수 그리고 벤더사와 파트너사가 지원체제를 갖추는 것이다.

Yusuf et al.(2004)는 ERP 프로젝트의 실현을 위한 성공 요인을 지적하였는데, 최고경영자의 지원, 비즈니스 재설계, 조직의 모든 부분의 지원, 조직의 현 구조와 문화에 적합한 기술혁신 및 사용자 교육과 훈련이 무엇보다 중요한 성공요인이 된다. 또한 사용자의 적극적인 참여, 시스템과 정보의 품질유지, ERP 시스템 정보기술과 프로세스에 해박한 컨설턴트 투입, 벤더사의 참여 및 회사의 IT 전문가 참여 역시 중요한 요인으로 작용한다.

Umble et al.(2003)은 성공적인 ERP 구축을 위해 고려해야 할 주요 요인 중 가장 두드러진 항목을 지적하였다. 그가 제시한 대표적인 성공요인은 전략과 연계된 명확한 ERP 구축목표 이해, 최고경영자의 리더십과 프로젝트 지원 및 확신, 효과적인 프로젝트 관리, 조직의 변화관리, 우수요원으로 구성된 프로젝트 팀 구성, 데이터 정합성 유지, 광범위한 교육과 훈련 그리고 시스템 구축 이후 성과측정을 들 수 있다.

ERP 시스템을 합리적으로 구현하기 위한 접근방법은 사람과 기술사항 등을 준비하는 것이다. 사람을 준비한다는 것은 미래의 ERP 시스템을 사용하는 사용자의 지원을 얻는 것이며 기술을 준비한다는 것은 ERP 시스템을 어떻게 사용할 것인가를 교육하는 것으로서 구축 이후 업무와 프로세스의 변화에 대해 사용자가 좀더 친숙해지는 것을 의미한다. 이러한 유형의 사람을 준비하기 위해서는 스폰서십, 프로젝트 관리자, 프로세스 오너, 슈퍼유저 및 프로젝트 계획 팀과 구축 팀이 구성되고 조직 구조가 우선 갖추어 져야 한다. 기술적 측면에서 시스템을 준비하기 위해서는 소프트웨어구성, 인터페이스 개발, 데이터 표준화와 변환, 테스트 및 성능관리가 뒷받침되어야 한다(Davenport, 2000).

Mabert et al.(2003)은 예산범위 내에서 목표한 기간 내 성공한 기업이 가지고 있는 ERP 구축성공에 관한 3 가지 주요특성요인을 제시하였다. 첫째, 계획성이다. 이것은 프로젝트 시작 전 계획단계에서 처리해야 하는 모든 사항들을 포함하여 비즈니스 사례개발, 성과지표 정의, 강력한 경영층 스폰서십, 사용자 참여, 강력한 위원회 활동, 팀 구성, 명확한 조직의 변화관리 전략수립, 교육과 학습전략 수립, 추진계획의 전사적 공유, 데이터변환과 무결성 유지,

그리고 기술인프라를 정립해야 한다는 것을 뜻한다. 둘째, 구축관리이다. 이 것은 강력한 실행지원과 참여, 정규적인 진행사항 공유, 주요의사결정을 위한 위원회 활동, 슈퍼유저와 분쟁 조정자 구성, 모든 사용자 교육, 고객과 공급사가 프로젝트 진행 및 프로세스 변화와 관련된 사항을 공유하는 것을 포함한다. 마지막으로 전략적인 의사결정이다. 여기에는 구축방법 결정, 구현할 모듈 수 결정, 시스템 수정전략수립, 주요 프로세스 재설계 전략 및 신속한 구축전략 등이 포함된다. 그 밖의 성공요인은 외부 컨설턴트들을 어떻게 활용하고 그들로부터 어떤 방법으로 명확한 가이드를 받을 것인가를 정의한다.

Jeremy Rose 등(2002)은 성공적인 ERP 시스템 구축을 위해서는 프로젝트 관리자의 관리역량(management competence)이 중요하다고 주장하였다. 주요 관리자의 역량은 비즈니스 역량(business competences), 기술역량(technology competence) 그리고 인적 역량(personal competence) 등을 말하며 이러한 역량은 프로젝트 관리자(project manager)가 가지고 있는 관리능력에 따라 성공여부가 결정된다.

Xue et al.(2005)은 ERP 시스템을 성공적으로 구축하기 위해서는 기술적인 이슈뿐 아니라 사회적 또는 문화적 측면에 영향을 미칠 수 있는 구조적(Contextual)인 이슈가 존재한다고 주장하였다. 특히, 문화적 측면과 관련된 성공요인은 파트너사 간의 관계유지, 프로세스 재설계(BPR), 우수인력자원 투입, 리포트와 테이블 처리 및 언어적인 표현 등이다. 따라서 최고경영자가 ERP 프로젝트를 제대로 이해하고 프로젝트 관리자가 기업의 전략과 계획, 비즈니스 프로세스를 제대로 이해하는 것이 필요하다.

Motwani et al.(2002)은 조직적인 환경, 문화적인 요인 그리고 사람들 간의 유기적인 관계유지 등이 ERP 구축성공의 핵심요소라고 정의하고 비즈니스 프로세스가 변화되기 위해서는 최고경영자의 지원과 변화관리 팀 운영이 중요하다고 보았다. 특히, 사람들과의 관계를 유지하기 위해서는 개인 간 상호작용과 협업을 가능하게 하는 의사소통 기술이 필요하다고 지적했다. 아래에서는 국내에서 진행된 ERP 프로젝트 성공요인에 관한 선행연구를 살펴보면 다음과 같다.

박자경(2005)은 BPR 수행을 병행하는 ERP 시스템 구현성공요인에 관한 연구에서 3 가지 주요 성공요인을 제시하였다. 먼저 조직적인 요인에는 최고경영자 지원, 사용자교육 등이 포함된다. 시스템적인 요인에는 기업에 적합한 ERP 제품선정 및 정보화 인프라 수준 등이, 구현과정 요인에서는 사용자 참여, 컨설팅 지원정도 등이 시스템 성과를 만드는 성공요인이다.

정영일(2003)은 BSC 를 이용한 ERP 성과측정 모형연구에서 BSC 개발방법론을 적용하여 재무관점, 고객관점, 내부프로세스관점, 학습 및 성장관점 등 ERP 구축에 요구되는 주요 성공요인을 도출하고 AHP 기법을 활용하여 각 관점별로 주요 성공요인의 중요도를 산출하였다. 재무관점의 성공요인은 정확한 현행시스템 진단 및 평가, 명확한 ERP 도입목적설정, 검증된 ERP 추진방법론의 채택, 적절한 패키지 선택, ERP 도입 시 충분한 예산지원 등이며, 고객관점의 성공요인은 사용의 편리성, 사용자 요구사항반영, 신속한 사후 서비스, 내부인력과 컨설턴트 그리고 벤더와의 협력 및 사용자 중심의 추진체계 등을 들 수 있다. 내부프로세스관점에서의 성공요인은 조직 간의 호환성, 기업의 프로세스변화 추진력, 기존 시스템과의 기술적 호환성, 적절한 ERP 도입 프로젝트 관리, 패키지 모듈에 맞는 프로세스변경 등이며, 마지막 학습 및 성장관점에서의 성공요인은 최고경영자의 지원과 의지, ERP 도입과 사용의 전사적 공감대, 현행 업무의 표준화 정도, 정보시스템 성숙도 및 정보화 혁신 마인드 등이다.

오재인과 김병곤(2002)은 ERP 시스템의 성공적 구현에 영향을 미치는 요인을 조직적 특성, 기술적 특성 및 환경적 특성 등으로 분류했다. 조직적 특성에서는 기업에서 정보기술정책의 수립, 최고경영자의 의지 그리고 최고경영자의 조직관리수준이 성공에 영향을 미친다고 하였다. 기술적 특성에서는 기존 시스템과 기술적으로 호환성이 크고, 상대적 우위성이 클수록 ERP 시스템 구축 성공에 긍정적인 영향을 미치고 환경적 특성요인에서는 경쟁강도, 정보밀도가 높고, 정보의 지원정책이 클수록 ERP 시스템을 성공적으로 구현할 수 있다고 하였다.

[표 2-8]은 선행연구자들이 제시한 ERP 프로젝트 일반적인 성공요인에 관한 내용을 정리한 것이다.

[표 2-7] ERP 구축성공요인과 세부속성

번호	성공요인	성공요인 속성
1	관리 및 조직요인	· 최고경영자 의사결정 · 교육 · 사용자 참여 · 프로젝트 팀 선발 · 역할 및 책임분담
2	프로세스	· 프로세스 설계 · 프로세스 문서화 · 프로세스 통합
3	기술	· 하드웨어 · 소프트웨어 · 시스템 통합관리 · 인터페이스
4	데이터	· 마스터 데이터 설계 · 데이터 준비 · 데이터 관리 및 정합성 유지
5	사람	· 교육 및 훈련 · 스킬 계발 · 지식전수

Cantu(1999)의 성공요인과 속성 인용

[표 2-8] ERP 프로젝트 일반적인 성공요인 연구

연구자	일반적인 성공요인
Sun et al (2005)	■ 조직관리 관점: 교육참여, 프로젝트 팀 선정 훈련 및 역할과 책임 ■ 프로세스 관점: 프로세스 재설계, 통합 문서화 ■ 기술 관점: 하드웨어, 소프트웨어, 시스템 관리 및 인터페이스 ■ 데이터 관점: 데이터구조 및 데이터 무결성유지 ■ 사람 관점: 교육 및 훈련, 스킬 계발, 지식전수 및 관리
Davenport (2000)	■ 사람준비 관점 　- 구축 팀 구성: 위원회, 프로젝트 관리자, 프로세스 오너체제 수립 　- 슈퍼유저, 프로젝트 계획 팀 구성, 구축 팀 구성 ■ 기술 준비 관점 　- 소프트웨어구성, 인터페이스 개발, 데이터 표준화 및 변환 　- 테스트, 성능관리
Jeremy Rose 등 (2002)	■ 프로젝트 관리자 　- 비즈니스역량(Business Competences), 　- 기술역량(Technology Competence) 　- 인적역량(Personal Competence) 　- 관리자역량(Management Competence)
Motwani et al.(2002)	■ 조직적인 환경 ■ 문화적인 요인 ■ 참여자들 간의 유기적인 관계유지
Umble et al (2003)	■ 전략과 연계된 목표정의와 이해, 최고경영자의 프로젝트 지원 ■ 효과적인 프로젝트 관리, 우수 프로젝트 팀 구성, 조직의 변화관리 ■ 데이터 정합성 유지, 광범위한 교육 및 훈련 ■ 성과측정
Somers & Nelson (2004)	■ 최고경영자 전폭적인 지원, 명확한 목표설정, 범위확정 ■ 변화관리활동 　- 조직원 공감대형성, 변화관리 책임자 활동 ■ 프로젝트 관리체계 　- 적합한 시스템 선정, 구축과정 체계적인 이슈모니터링 　- 컨설턴트 가이드, 지식전수
Xue et al (2005)	■ 기술관점 ■ 사회적, 문화적 관점

연구자	일반적인 성공요인
King (2005)	■ 고객과 컨설턴트 효율적인 관계 유지 　－ 우수한 현업전문가 및 컨설턴트 투입, 성과 보상체계지원, 사전 2 ■ 컨설턴트 자질(인터뷰선정) ■ 표준화된 작업방법 　－ 필요한 정보공유
Tchokogue'e t al (2005)	■ 전략관점 　－ 최고경영자의 명확한 비전제시, 비용 및 인력지원 ■ 전술관점 　－ 기술파트너와 관계유지, 작업단계평가를 위한 KPI 개발, 적용 ■ 운영관점 　－ 지식전수 팀 가동
오재인과 김병곤 (2002)	■ 조직적 특성 　－ 정보기술정책 수립, 최고경영장의 의지와 조직관리 수준 ■ 기술적 특성 　－ 기존 시스템과 호환, 정보밀도, 정보지원 정책
정영일 (2003)	■ 재무관점 　－ 현행시스템 명확한 진단과 평가, ERP 도입의 명확한 목표설정 　－ 검증된 ERP 방법론 선택, 적절한 패키지 선택, 충분한 예산지원 ■ 고객관점 　－ 사용의 편리성, 사용자 요구사항 반영, 신속한 사후서비스 ■ 내부 프로세스 관점 　－ 조직 간의 호환성, 프로세스 변화추진력, 기존시스템과 기술적 호환성, 　　적절한 프로젝트 관리, ERP 제품에 맞도록 프로세스 변경 ■ 학습 및 성장관점 　－ ERP 사용의 전사적 공감대 형성, 업무 표준화 정도, 정보시스템 　－ 성숙도, 정보화 혁신마인드
박자경 (2005)	■ 조직적인 요인 　－ 최고경영자 지원, 사용자 교육 ■ 시스템적 요인 　－ ERP 제품선정, 정보화 인프라수준 ■ 구현과정 요인 　－ 사용자 참여, 컨설팅 지원
Montwani (2002)	■ 조직적인 환경 ■ 문화적인 요인 ■ 사람들 간의 관계유지

(2) ERP 프로젝트 단계별 성공요인

ERP 프로젝트 단계별 성공요인은 본 연구의 단계별 평가모형 개발에 주요 기준이 된다. 단계별 성공요인은 세부성공요인이라는 계층구조를 가지고 있음으로써 이는 평가항목과 세부평가항목으로 표현된다. 다음은 최근 연구논문을 토대로 단계별 성공요인을 살펴보고자 한다.

2005 년 이후에 발표된 ERP 프로젝트 단계별 성공요인에 관한 연구는 Zhang et al.(2005)의 연구를 대표적으로 들 수 있다. Zhang et al.(2005)은 Ives et al.(1980)의 연구모형과 Delone 과 McLean's(1992)의 성공측정모형을 이용하여 ERP 시스템 구축 성공 프레임워크를 발표했다. 이들에 따르면 ERP 구축단계는 선정단계, 구축단계, 최적화 단계 등 3 단계로 구분된다.

먼저, ERP 선정단계에서는 기업에 적합한 ERP 제품선정, 벤더사 품질, 효율적인 프로젝트 관리 및 조직문화 등이, 구축단계에서는 BPR, 정보품질 및 사용자 특성이, 최적화 단계에서는 최고경영자의 지속적인 지원, 사용자 참여 및 시스템 품질 등이 포함된다. 특히, ERP 벤더사의 품질, 프로젝트 관리, 조직문화, 교육 및 훈련 등은 선정단계와 구축단계의 주요 성공요인이 되며, 최고경영자 지원, 사용자의 참여 및 시스템 품질 등은 ERP 프로젝트 모든 단계에서 성공요인으로서 작용한다.

Sumner(2000)은 전통적인 정보시스템 개발 프로젝트에서 발생하기 쉬운 위험요인을 토대로 ERP 프로젝트 위험관리에 필요한 전략과 방법을 제시하였다. 그에 따르면, 도입단계의 주요 성공요인은 최고경영자지원, 통합프로젝트 관리체제, 챔피언십 체제, 기술전문가, 우수컨설턴트 투입 및 선진 구축 방법론의 채택 여부에 있다. 구축단계의 주요성공 요인으로는 전사레벨 프로세스 설계, 데이터 통합설계, 업무분석, 데이터 표준화, 데이터 통합, 사용자 전담투입, PM 의 역할 수행, ERP 시스템과 기존시스템과 완전통합 구현, 신기술에 대한 IT 요원들의 훈련, 스킬 강화교육, 내부업무전문가양성을 위한 지식전수 그리고 내외부 전문가들의 효율적인 협조체제 등이다. 정착화단계에서는 지속적인 시스템 개선과 유지보수를 체계화시키는 작업이 주요 성공요인이 된다.

Parr and Shanks(2000)는 ERP 구축단계를 계획단계, 프로젝트단계, 향상단계로 구분하고 9 개 주요 성공요인들이 각 단계에 미치는 영향을 분석하였다. 계획단계에서는 경영자의 지원과 관심, 챔피언십, 우수인력 전 단계 투입, 명확한 프로젝트 목표와 범위 등이, 프로젝트 단계에서는 경영자의 지원과 관심, 업무전문가와 기술전문가, 우수 컨설턴트와 조화를 이룬 적합한 팀 구성 및 프로젝트 팀들의 의사결정을 위한 권한부여가 주요 성공요인이 된다. 향상단계에서는 최고경영자의 관심과 지원을 성공요인으로 규정하였다.

한상철과 이길형(2003)은 ERP 프로젝트 구축단계를 준비단계, 구축단계, 종료단계 등 3 단계로 구분하고 그에 따른 성공요인을 제시하였다.

프로젝트의 준비단계에서는 기업의 내부 역량 분석과 시스템 구축 방법론을 기업에 맞게 커스터마이징 하는 것이 중요한데, 기업경영진의 의사에 따라 프로젝트가 추진되기 때문에 준비과정의 프로세스가 소홀하게 다루어지는 경우가 많다. 만약 준비단계에서 As-Is 분석, 조직, 문화 그리고 프로세스와 정보기술에 대해 충분한 진단이 이루어지지 않으면, 변화의 당위성과 방향을 정확히 검증하기가 어려워 To-Be 프로세스에 대한 공감대 형성이 원활하게 이루어질 수 없다. 따라서 준비단계부터 현업과 프로젝트 진행결과를 리뷰하고 공유하는 것이 성공요인으로 작용한다고 볼 수 있다. 그 다음, 구축단계에서는 준비단계에서 도출된 사용자 그룹별 변화의 수용도에 따라 지속적인 변화관리를 수행하여야 하며 커스터마이징된 방법론에 따라 소스변경이 아닌 추가 기능개발 범위를 관리하여야 한다. 마지막으로 시스템 종료단계에서는 프로젝트 성과요인에 대한 인식의 차이가 측정될 수 있도록 객관적인 평가지표를 개발해야 한다. 이를 위해 프로젝트 초기부터 설정한 성과측정 기준에 대한 공감대 형성이 요구되며 구축 이후 성과분석을 통해 지속적인 개선이 이루어질 필요가 있다.

김진수 외(2002)는 ERP 도입성과 측정모델 개발연구에서 ERP 프로젝트 단계를 도입단계, 구축단계, 변화관리 등으로 구분하였다. 도입단계의 주요 성공요인은 명확한 프로젝트 목적과 범위설정, 프로젝트 예산 및 기간, 프로젝트 팀 구성 및 역할 설정, 프로젝트 보고 및 실행 그리고 체계적인 벤더 선정 등이다. 구축단계에서는 To-Be 프로세스 분석, 시스템 분석, 시스템 설계 및 구축, 시스템 테스트, 시스템 유지보수, 조직 분석, 현 프로세스 분석, 현 시스템 분석 및 현 조직 분석 등을 성공요인으로 정의하였다. 그리고 변화관리 단계의 성공요인은 가장 중요한 활동 단계로서 조직 구성원의 참여, 사용자 교육, 평가 및 보상체계 등이다.

박문규(2002)는 ERP 구축단계를 사전준비단계, 프로젝트단계, 정착단계 및 향상단계로 구분하고 각 단계의 완성도를 높일 수 있는 주요 성공요인과 ERP 성과 간의 관계를 실증 분석하였다. 준비단계의 주요 성공요인은 최고경영자의 지원, 프로젝트 관리, 효율적인 의사소통, 팀원구성 및 업무할당, 훈련 및 교육, 컨설턴트 역할, 프로젝트 세부계획, 기존 시스템과의 조화, ERP 패키지 및 업체선정 등 9가지로 구성된다. 프로젝트 단계의 주요 성공요인은 최고경영자의 지원, 프로젝트 관리, 효율적인 의사소통, 팀원구성 및 업무할당, 훈련 및 교육, 컨설턴트 역할, 변화관리와 조직문화, 경영혁신과 커스터마이징, 시스템 구현 및 문제해결, 사용자이해와 참여, 자료변화 및 시스템 통합 등이고, 정착단계에서는 최고경영자의 지원, 프로젝트 관리, 효율적인 의사소통, 팀원 구성 및 업무할당, 훈련 및 교육, 변화관리와 조직문화, 경영혁신과 커스터마이징, 시스템 구현 및 문제해결, 사용자 이해와 참여, 자료변화 및 주요성과의 평가 등이다. 마지막 향상단계에서는 정착단계에서 제시된 성공요인에 덧붙여 비전제시가 포함된다.

최광돈(2000)은 구축단계를 도입, 구축, 정착화단계 등 3 단계로 구분하고 각 단계별 주요 성공요인을 지적하였다. 준비 단계에서의 성공요인은 명확한 프로젝트 목표와 비전설정, 시스템과 업무에 대한 현황분석, 적절한 프로젝트 계획수립, 합리적인 ERP 선정 및 ERP 시스템 숙지 등이다. 구현단계에서는 현업사용자 참여, 커스터마이징 정도, 조직구조 변화 및 인프라정비 노력, 현 업과의 효율적인 의사소통, 효과적인 자료변환 작업, 적절한 프로젝트 관리,

컨설팅업체 혹은 컨설턴트 능력, 프로젝트 팀원교육, 프로젝트리더 역량 등이 주 성공요인이 된다. 마지막으로 정착화단계에서는 인센티브 제도실시, 사용자 교육 및 훈련, 시스템 운영 모니터링 및 성과평가 그리고 조직원의 보상체계를 구축 등이 성공요인으로 작용한다.

신예돈과 김성수(1999)는 ERP 구축단계를 시스템 구축준비단계, 시스템 구축단계, 시스템 운영단계 등 3단계로 구분하고 각 단계의 성공요인에 대해 언급하였다. 먼저, 시스템 구축준비단계에서는 프로젝트 비전 및 목표설정, 시스템 구축계획수립, ERP 패키지 선정, 시스템구축 추진조직 및 역할 등이, 구축단계에서는 업무프로세스 모델선정과 데이터 모델선정 등이 주요 성공요인이 된다. 시스템 운영단계에서의 성공요인은 시스템 운영관리 준비와 시스템 체계적인 운영방법 등이다.

ERP 시스템 구축단계별 성공요인에 관한 선행연구자들의 연구내용을 정리하면 [표 2-9]와 같다.

[표 2-9] ERP 프로젝트 단계별 주요 성공요인에 대한 연구

단계	주요 성공요인	최광돈 (2000)	박문규 (2002)	한상철& 이길형 (2003)	Parr 와 Shanks (2000)	Sumner (2000)	Zhang et al. (2005)
도입	최고경영자지원과 적시	O	O		O		
	의사결정	O			O		O
	프로젝트목표, 범위 명확화	O		O		O	
	기업프로세스, 시스템 이해	O	O	O			
	합리적인 프로젝트 계획	O	O		O		O
	적절한 팀구성과 역할분담.		O		O	O	
	적합한 ERP 제품 선정				O	O	O
	챔피언십(프로세스오너)		O		O		
	변화관리		O	O		O	
	사용자 참여	O	O				O
	효율적인 의사소통						
	컨설턴트 자질 및 역량	O	O		O		

단계	주요 성공요인	최광돈 (2000)	박문규 (2002)	한상철& 이길형 (2003)	Parr 와 Shanks (2000)	Sumner (2000)	Zhang et al. (2005)
구 축	최고경영자 지원확보	O					O
	업무프로세스 설계(BPR)		O	O	O	O	O
	커스터마이징 최소화		O	O	O		
	데이터 표준화		O			O	
	데이터/시스템 간 통합		O			O	
	자료변환의 효과성	O	O				O
	현업참여	O	O	O	O	O	O
	사용자 교육	O	O		O	O	O
	효율적인 프로젝트 관리	O	O		O	O	O
	내·외부 효율적인 의사소통		O	O			O
	그룹별 변화관리	O	O				
	컨설턴트 능력	O	O				O
정 착 화	최고경영자 지원확보	O					O
	보상체제 구축	O	O				
	현업 교육, 훈련	O				O	O
	성과측정	O	O	O	O		
	ERP 시스템 조직 내 정착화	O			O		O
	프로세스, 시스템 개선				O	O	O

위의 연구에서 살펴볼 수 있듯이, ERP 시스템 구축방법은 연구의 관점에 따라 다양하게 구분되고 성공요인도 여러 각도에서 다르게 나타나고 있다. 그럼에도 불구하고 ERP 프로젝트의 구축단계는 공통적으로 구축 전과 구축 중, 그리고 구축 이후 단계로 구분됨을 알 수 있다. 따라서 본 연구에서는 프로젝트 단계별 평가요인을 찾고자, ERP 프로젝트 단계를 도입단계, 구축단계, 정착화단계 등 3 단계로 구분하고 각 단계별 주요활동에 따른 성공요인을 제시하고자 한다. 아래 [그림 2-4]는 고객사와 컨설팅사의 주요 성공요인을 ERP 구축단계별로 구분하여 영향을 미치는 범주를 표시하였으며 어떤 유형의 성공요인이 구축단계마다 영향을 주는지를 나타낸 그림이다.

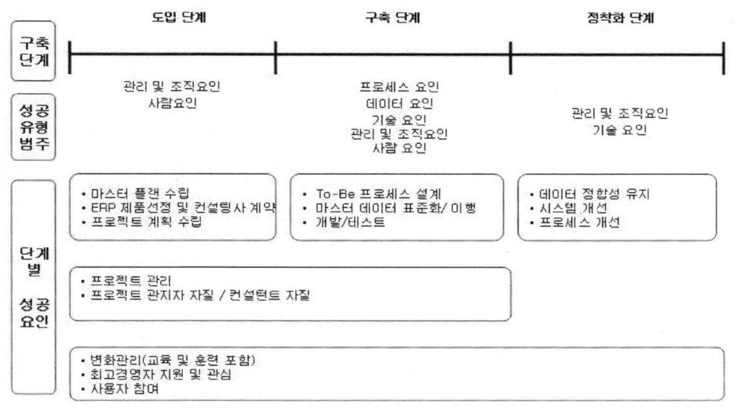

제 4 절 ERP 프로젝트 평가에 관한 선행연구

평가(evaluation)의 개념은 평가자의 가치관에 따라 평가대상의 가치를 표현하는 것으로서 정보시스템 평가는 정보시스템의 개발, 도입, 운영 그리고 관리에 관한 업무들이 사전에 설정된 목표 또는 계획대로 수행되고 있는가를 확인하고 분석하는 활동이다. 즉, 평가란 경영통제 과정에서 문제점을 도출하여 그 문제의 원인과 개선방안을 모색함으로써 조직의 요구에 맞는 정보시스템을 구현하는 데 그 목적이 있다(한재민, 1998). 또한, 정영일(2003)은 평가는 시스템의 가치를 파악하고 정보시스템의 운영성과 기술적인 능력, 경제성, 효율성 등을 효과적으로 분석하여 조직에 이익을 주고자 하는 것이기 때문에, 체계적인 측정과 평가는 매우 중요하다고 지적하였다.

그러나 그동안 ERP 도입에 관한 평가는 주로 효과 중심으로 이루어졌다. 비용절감, 투입대비 ROI 및 고객만족도 향상 등과 같은 척도에 치우쳐 ERP 도입의 성공여부를 측정해온 것이다. 그러나 ERP 의 도입과 구축 과정에 있어서 효율적인 작업관리와 평가가 제대로 이루어지지 않는다면, 고객과 컨설팅사 모두가 원하는 궁극적 목표를 달성하기 어렵다. 즉 프로젝트 과정평가 없이 프로젝트 성공을 기대하기 어렵다.

특히, ERP 프로젝트는 SI 개발과 달리 컨설팅 서비스가 프로젝트 성패를 좌우한다. 개발 프로젝트는 개발된 결과물이 있기 때문에 좀더 객관적으로 관리할 수 있지만 컨설팅 서비스는 복잡하고 전문적이며, 무형이기 때문에 컨설턴트 역량과 그들의 서비스를 정량적으로 평가하는 데는 한계가 있다(오라클매거진, 2006). 더불어 컨설팅서비스는 단순한 지식을 제공하는 것이 아니라 장기적으로 고객과의 상호관계를 통해 제공되는 서비스이기 때문에 고객관점에서는 컨설팅 서비스에 대한 만족도 평가와 컨설팅사 관점에서는 ERP 도입 주체로서의 역할을 평가하는 것이 요구된다.

이러한 점에서 고객이 컨설팅사를 적절하게 통제 관리하고, 상호간의 인식 차이를 점검하여 그로부터 소기의 성과를 얻어내기 위해서 ERP 프로젝트의 성과를 측정할 수 있는 평가모형 연구에 관한 선행연구를 살펴보고자 한다.

ERP 프로젝트 평가에 관한 기존 연구들은 사전평가인 도입단계 시점의 ERP 패키지 선정평가 연구와 사후평가인 구축결과의 효과성에 초점을 두고 진행되어 왔다. 아래 [표 2-10]은 도입, 구축, 정착화 시점의 평가유형을 3가지 관점에서 담고 있다.

먼저, ERP 시스템 선정 평가모형에 관한 연구로서 강신철과 김재열(2000)은 기업이 ERP 시스템을 도입할 준비가 되어 있는지를 판단할 수 있는 척도를 제시하였다. 이 모형은 최고경영자 의지, 업무표준화, 정보시스템의 중요성에 대한 인식, 정보시스템의 부서직원들의 교육, 일반부서 직원들의 관심, 일반부서 직원들의 정보기술 이용수준, 단순 컴퓨터조회능력 및 기타 항목 등 8개 평가지표로 구성되었다.

Wei & Wang(2004)는 ERP 패키지의 평가요인을 프로젝트, 소프트웨어, 벤더사 등의 세 그룹으로 분류한 후, 8개 평가지표를 사용하여 fuzzy 평균법을 활용한 통합 평가모형을 개발하였다. 이 모형은 ERP 시스템선정에 소요되는 시간과 비용을 절감할 수 있는 효과뿐 아니라 기업에 적합한 ERP 시스템을 선정할 수 있도록 가이드라인을 제시하고 있다.

한편, ERP 도입 이후의 프로젝트 평가에 관한 연구도 국내 외에서 지속적으로 발표되어 왔다. 그 대표적인 연구로서 정사무엘 외(2004)는 기업의 성숙도에 따라 평가유형을 정합성, 안정성, 효율성, 혁신성으로 분류하고 이와 관련된 20개의 평가지표를 도출하여 기업의 성숙도와 평가지표 간의 관계를 제시하였다. 또한, Teltumbde(2000) 효과성 측면에서의 비용, 전략 수용성, 변화 구현성, 유연성, 혁신성, 위험도, 효과, 업무기능, 기술 및 벤더사 신용 등의 10개 차원의 평가항목을 도출하여 AHP 분석을 통해 ERP 프로젝트 평가모형을 제시하였다. 그러나 이러한 평가모형은 ERP 도입에 따른 성과요인을 규명하는 데 편중되어 있다.

최근 연구에서는 재무적 측정과 비재무적 측정을 함께 접목하려는 연구들이 제시되고 있다. 대표적인 연구로 정영일(2003)은 ERP 성과지표를 BSC의 재무관점, 고객관점, 내부 프로세스관점, 학습과 성장관점인 4가지 관점으로 분류하고, 재무관점에서는 운영비용 절감률을, 고객관점에서는 주문처리시간 단축률을, 내부프로세스관점에서는 업무처리 정확도 향상률을, 학습 및 성장관점에서는 업무프로세스의 표준화 정도를 AHP 기법을 활용하여 제시하였다.

[표 2-10] ERP 프로젝트 평가에 관련한 연구 유형

ERP 평가유형	연구내용	연구자
도입 타당성 및 ERP 패키지 선정평가모형	기업의 ERP 도입준비 수준을 판단할 수 있는 평가 척도와 ERP 패키지 선정을 위한 주요특성 지표를 개발함.	임세헌(2003), Wei&Wang.,(2004), 강신철, 김재열(2002)
구축과정 성과측정 모형	구축단계의 성과요인을 도출하여 요인들 간의 관계를 인과관계 모형으로 설정하고 세부 평가지표를 개발함.	김진수 외(2002), 임세헌(2003), Luo& Strong(2004)
균형성과표 관점 및 도입 후 프로젝트 평가모형	ERP 성과지표를 IT 전략적인 투자관점 혹은 균형성과지표 관점에서 접목하여 다양한 조직의 성과를 측정함.	정사무에 외(2002), 정영일(2003), Teltumbde(2000)

위와 같은 선행연구를 통해 나타난 ERP 구축과정에서의 측정모형에 대한 한계점을 지적하면 아래와 같다.

김진수(2002) 외는 가장 포괄적으로 ERP 시스템 구축과정을 측정할 수 있는 평가모형을 개발하였으나, 이 평가모형은 기업의 상황적 특성요인인 최고경영자지원과 관심, 현업참여, 프로젝트 관리 및 컨설팅 요인 등의 측정항목을 고려하지 않아 ERP 구축과정을 통합적으로 평가하는 데 한계점을 가지고 있다.

임세헌(2003)은 구조방정식을 통해 ERP 시스템 구축요인과 성과요인 간의 인과관계를 분석하고, 이를 토대로 평가단계를 도입계획, As-Is 분석, To-Be 분석, 구축, 변화관리로 분류한 측정모형을 제시하였다. 그러나 이 측정모형은 단계별 측정변수가 소프트웨어 개발 사이클인 SDLC(System Development Life Cycle)관점에서 선정됨에 따라 ERP 프로젝트 특성적 요인을 충분히 고려하지 못했다. 더욱이 세부 측정 항목을 단순히 그룹핑하여 평가자의 의견을 묻는 방식을 채택함으로써 평가항목의 신뢰성과 타당성을 충분히 검토하지 못했다. ERP 프로젝트는 구축단계에서 다양한 활동과 인력이 참여함에 따라 고도의 위험이 발생될 수 있어 가장 낮은 평가점수를 나타낼 수 있다. 그러나 임세헌(2003)은 도입, 구축, 변화관리 영역 중 가장 낮은 측정결과는 도입단계라고 주장하였고 고객중심의 구축과정을 평가하는 데 초점을 두었다. 따라서 컨설팅과 시스템 구축 모두를 포함하는 종합적인 평가모형으로서는 한계점이 있다.

한편, Lud 와 Strong(2004)는 업무 프로세스와 ERP 시스템상에서 변경이 발생될 경우, 합리적인 방법을 통해 변경처리(Customization)를 할 수 있는 의사결정용 평가모형을 제시하였다. 그러나 이 모형은 한 업체를 대상으로 연구되어 신뢰성이 떨어진다. 또한 IT 관리자 입장에서 개발된 평가모형이므로 여러 기업과 전문가 그룹에 이 모형을 적용시키기는 무리가 있다.

이상에서 선행연구들의 한계점은 무엇보다도 고객사와 컨설팅사의 상호간의 역할을 고려한 다양한 평가요인들(ERP 컨설팅사 관점, 고객사의 경영 목표 및 전략관점, 투입된 인적자원 관점, 프로젝트 관리 및 변화관리 관점)을 통합적으로 고려하지 못했다는 점이다. 또한 측정변수가 제한적일 뿐 아니라 실무 지향적인 관점에서 고객과 컨설턴트의 유기적인 관계 속에서 작업이 완성되는데도 불구하고 ERP 컨설팅과 병행하는 평가모형은 제시하지 못했다. 이와 같이 대부분의 ERP 프로젝트 평가는 IT(Information Technology) 투자 관점과 조직의 성과관점에서 결과중심의 평가척도를 개발하는 데는 학문적인 의의가 있으나 실무에서는 거의 활용되지 못하고 있는 실정이다. 또한 평가모형의 양면성으로 인해 사용하기에는 복잡한 점이 많다.

따라서 본 연구에서는 이러한 문제점을 해결하고자 3차에 걸쳐 전문가들을 대상으로 자문 및 설문조사를 실시하였으며 필요한 데이터를 확보하고 그 신뢰성을 유지하고자 시도하였다. 그리고 평가단계별 과정을 체계화하여 누구나 쉽게 모형을 적용할 수 있도록 설계하였다.

ERP 프로젝트 평가모형 개발: ERP^{2}E

ERP 프로젝트는 대형 SI 또는 PI(Process Innovation) 프로젝트와 유사하게 추진, 단계별로 컨설팅사와 고객사 그리고 개발조직 등 여러 그룹이 참여함에 따라 이들 간에 시각 차이가 발생한다. 또한 BPR 수행에 따른 변화와 저항, 비합리적인 제품선택으로 인한 혼선, 커스터마이징 정도에 따른 비효율적 자원투입 등은 ERP 프로젝트의 구축과정에 상당한 어려움이 나타난다.

이러한 점에서 프로젝트 성공을 어렵게 하는 여러 위험요인을 최소화하고 고객과 컨설턴트 간의 인식차이를 줄이기 위해 ERP 평가모형의 필요성이 제기된다. 이러한 필요성에 따라, 선행연구에서 제시한 고객사와 컨설팅사의 평가요인 등을 고려하여 ERP 프로젝트 평가모형 개발 절차는 [그림 3-1]와 같다.

첫째, ERP 프로젝트 단계별 평가와 관련한 다양한 기존문헌 자료들을 검토하여 ERP 성공에 영향을 미치는 주요 요인들을 평가항목으로 추출한 다음, ERP 컨설팅에 종사하는 전문가와 고객사의 핵심요원과 함께 그룹인터뷰를 실시하였다. 둘째, 그 결과, 고객사와 컨설팅사를 평가할 수 있는 최종 평가항목들을 선정하고 AHP를 적용하여 단계별 평가항목의 가중치를 분석하였다. 셋째, 이러한 과정에서 고객사와 컨설팅사용 평가지를 개발하고 평가체계를 정의한 후, 전문가의 검증을 통해 상호평가모형이 개발되었다. 이를 본 연구에서는 ERP²E(ERP Project Evaluation)라로 정의한다.

[그림 3-1] ERP 프로젝트 평가모형 개발 절차

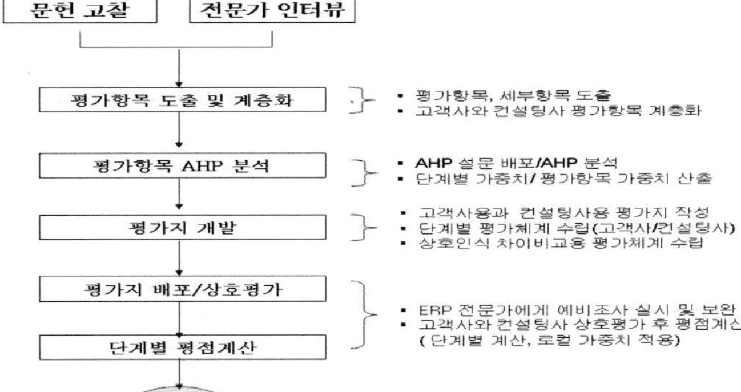

제1절 ERP 프로젝트 평가항목 도출

1. 고객사와 컨설팅사의 평가항목 도출방향

본 연구는 ERP 프로젝트 단계별로 고객사와 컨설팅사를 평가할 수 있는 도구를 준비하기 위해서 평가단계, 평가항목, 세부평가항목 순으로 작업절차를 세분화, 계량화하였다. 또한 이와 관련된 기존의 평가모형에 대한 연구와 (Teltumbde, 2000, 임세헌, 2003, 김진수 외, 2002, 손동기, 정철용, 2003) 전문가의 의견수렴 그리고 ERP 프로젝트 선행연구를 토대로 ERP²E 평가모형을 개발하였다.

먼저 평가항목은 Zhang et al.(2005), King(2005), Sumner(2000), Parr & Shanks(2000), Markus & Tanis(2000), 최광돈(2000) 등이 제시한 도입, 구축, 정착화단계를 수용하여 각 단계별 주요활동 내용과 주요 성공요인에 관련된 항목을 토대로 고객사와 컨설팅사를 측정할 수 있도록 하였다. 평가항목의 범주는 Cantu(1999)가 제시한 ERP 5 가지 성공요인과 그에 따른 속성이 포함될 수 있도록 프로젝트 관리, 프로세스설계, 기술적 통합, 일반관리 및 조직적인 지원 등을 고려하였다. 또한 추가적으로 컨설팅 전문성, 컨설턴트 자질, 컨설팅 서비스 능력 등과 관련된 주요요인들이 반영되도록 하였다(Eithe & Masden, 2005, King, 2005, Tchokogue' et al., 2005, Somers & Nelson, 2004, Jeremy Rose, 2002, O'Leary, 2002, Davenport, 2000, Hong & Kim, 2002, 장영, 1996, 윤용기, 2005).

한편, 평가항목의 신뢰성을 확보하기 위해 5 년 이상 ERP 컨설팅 경험을 갖춘 20 여 명의 컨설턴트에게 〈부록 1〉에서 제시한 〈설문지-1〉을 배포하여 어느 항목이 보완될 필요가 있는지 의견을 수렴하였다. 그 결과, 자문에 참석한 20 여 명의 전문가 모두 제시한 평가항목 선정과 필요성에 대해 공감하였다. 이렇게 하여 고객사용 19 개의 평가항목과 컨설팅사용 17 개 평가항목이 선정되었다.

2. 고객사와 컨설팅사의 평가항목 선정

본 연구에서는 고객사와 컨설팅사 모두에게 공통적으로 해당되는 평가항목과 각각에게 달리 적용되는 평가항목을 구분하여 제시하였다. 먼저, 평가항목은 Cantu(1999)가 제안한 조직과 관리, 프로세스, 기술, 데이터, 사람 등의 내용을 기반으로 한 5 가지 유형과 매핑된 단계별 ERP 성공요인을 선정하였다.

이들 평가항목은 [표 3-1]에서 볼 수 있듯이 도입, 구축, 정착화의 단계로 범주화된다. 도입단계에서는 주로 사람과 조직 및 관리적인 지원 등과 관련된 요인이 평가항목으로 선정되고, 구축단계에서는 프로세스, 기술, 데이터뿐만 아니라 사람과 조직지원요인 등 5 개 요인이 평가항목으로 구성되었다. 마지막으로 정착화단계에서는 기술과 조직 그리고 관리적인 요인 등이 포함되었다.

[표 3-1] 단계별 평가항목과 ERP 구축성공요인과의 매핑

단계	평가항목	고/컨	구분	비　　고
도입	마스터 플랜 수립	공통	P	
	ERP제품/컨설팅사선정	공통	M	
	프로젝트 계획수립	공통	M	Parr and Sharnks(2000),
	변화관리	공통	H	Sumner(2000),
	프로젝트 관리자 자질	컨설팅	H	Zhang(2005),
	컨설턴트 자질	컨설팅	H	Yusuf et al.(2004),
	최고경영자 지원/관심	고객	M	최광돈(2000),
	사용자 참여	고객	M	박문규(2002)
구축	To-Be 프로세스 설계	공통	P	
	프로토타이핑 활용	공통	P	
	적정 개발	공통	T	King(2005),
	마스터 데이터 표준화	공통	D	Danvenport(2000),
	데이터 이행	공통	D	Markus and Tanis(2000),
	품질 테스팅	공통	T	Kumar et al.(2003)
	프로젝트 관리	공통	M	Sun et al.(2005)

단계	평가항목	고/컨	구분	비 고
구축	변화관리	공통	H	한상철과 이길형(2003)
	프로젝트 관리자 자질	컨설팅	H	
	컨설턴트 자질	컨설팅	H	
	최고경영자 지원/관심	고객	M	
	사용자 참여	고객	M	
정착화	시스템 개통준비	공통	T	Markus and Tanis(2000), Yusuf et al.(2004), 신에돈과 김성수(1999)
	프로젝트 평가/종료	공통	M	
	최고경영자 지원/관심	고객	M	
	사용자 참여	고객	M	

*. 관리/조직: M, 프로세스: P, 기술: T, 데이터: D, 사람: H

(1) 고객사의 평가항목 선정

고객사 평가와 관련한 평가항목은 선행연구에서 제시한 ERP 프로젝트 단계별 성공요인을 토대로 선정된다. 평가항목은 성공요인의 계층구조 체계에 따라 세부항목으로 분류되며 이는 고객입장에서 볼 때, 해당 단계의 성공적인 작업을 위해 필요한 일련의 활동으로 표현된다. 각 단계별로 선정한 평가항목은 다음과 같다.

먼저 도입단계는 기업의 문제해결을 위해 정보화 및 경영전략을 포함한 마스터 플랜을 수립하며 기업의 특성에 적합한 ERP 패키지를 선정하고 상세 프로젝트를 세우는 단계이다. 또한 프로세스 혁신에 필요한 조직구성원들의 공감대 형성 및 새로운 환경 변화에 조직원들의 저항을 최소화할 수 있도록 체계적인 변화관리 계획을 수립한다. 한편, 컨설팅사에서도 위와 같은 동일한 작업을 지원하고 가이드하며 우수 프로젝트 관리자와 전문 컨설턴트를 확보하여 기업특성에 맞는 프로젝트 계획을 수립한다.

구축단계에서는 업무프로세스 재설계와 프로세스 시나리오를 작성하며 To-Be 프로세스와 요구사항을 검증하면서 반복적으로 프로토타이핑을 실시한다. 그 이후, ERP 시스템 구현, 타 시스템과 인터페이스정의 및 소프트웨어 개발, 데이터표준화 준비, 이행 그리고 조직원들의 변화관리를 수행한다. 또한 ERP

시스템 완성을 위해 모듈 간의 통합테스트, 시스템의 성능테스트, 고객의 인수테스트 등을 실행하며 조직원들에 대한 변화관리활동을 지속적으로 실행한다. 한편 컨설팅사는 To-Be 프로세스와 ERP 프로세스와의 차이를 극복할 수 있도록 기업이 당면한 문제를 정확히 파악하고 그에 따른 컨설팅서비스를 체계적으로 제공한다. 프로젝트 관리자는 계획대비 적절한 통제를 실시하면서 고객이 변화에 민첩하게 대응할 수 있도록 교육을 실시하고 혁신적인 사고를 유도한다. 더불어 내 외부 이해관계자들과 원활한 의사소통 체계를 유지한다.

정착화단계에서는 ERP 시스템의 구축결과를 평가하고 운영에 필요한 프로세스 절차를 수립하며 불완전한 시스템에서 발생하는 문제점을 수정하고 개선한다. 또한 새로운 시스템 및 프로세스 변화에 따른 조직원들의 빠른 적용을 위해 현업 사용자 교육과 훈련을 반복적으로 실시하며 프로세스를 정착화시키는 노력을 지속적으로 실시한다. 한편 컨설팅사에서는 고객이 정상적으로 시스템을 오픈할 수 있도록 오픈 전 운영체계를 가이드하고 세부적인 시스템개통 확인(go-live check)을 실시한다. 또한 데이터 정합성과 시스템 통합성이 빠른 시간 내 안정화될 수 있도록 지속적인 모니터링을 한다.

앞서 정리한 내용에 비추어 볼 때, ERP 프로젝트 수행과정 전 단계에서 요구되는 주요 성공요인은 변화관리, 프로젝트 관리, 프로젝트 관리자의 자질, 컨설턴트의 자질 및 최고경영자의 지원과 관심 항목이다. 본 연구에서는 프로젝트 전체단계에서 위의 평가항목을 사용한다.

(2) 컨설팅사 평가항목 선정

컨설팅사 평가와 관련한 평가항목은 고객사의 평가항목 선정과 마찬가지로 선행연구에서 제시한 ERP 프로젝트 단계별 성공요인을 토대로 선정된다. 컨설팅사의 평가항목은 컨설팅 성공요인의 계층구조 체계에 따라 세부항목으로 분류되며 이는 컨설팅사 관점에서 해당단계의 성공적인 작업을 위해 필요한 일련의 활동으로 표현된다. 이 활동은 ERP 프로젝트에서 요구되는 컨설팅사의 역할과 컨설턴트의 전문성 및 서비스를 중심으로 선정되었다.

다음 컨설팅사 평가항목을 선정하는 데 있어 좀더 구체적인 이론적 배경을 살펴보고자 한다.

컨설팅사의 서비스 결과를 평가하거나 프로젝트 수행 이후 만족도를 측정하는 것은 발주자인 고객이 컨설팅 서비스에 대해 지각하는 주관적인 느낌을 측정하는 것으로서 일반적으로 크게 인력측면과 컨설팅 조직측면 그리고 서비스 영역 등으로 구분된다(윤용기, 2005). 컨설팅사에 대한 고객의 만족도를 측정하기 위해, [표 3-2]에서 제시된 바와 같이, 서비스 관점에서는 선진성, 체계성, 표준성 평가항목이 필요하고, 조직의 관점에서는 전문성, 이해성, 유대성 등의 서비스 측정항목이 요구된다(윤용기, 2005, Leem & Yoon, 2004).

[표 3-2] 컨설팅 만족도 영역의 평가구성 요소

평가영역	평가요소	평가속성	측정항목
컨설팅 만족도	컨설팅 서비스품질	컨설팅 선진성	선진방법론 선진 업무도입 및 활용능력
		컨설팅 체계성	컨설팅 목적의 연속성, 체계적 프로젝트 관리, 변화관리 수행
		컨설팅 표준화	업무의 문서 표준화, 표준관리 시스템 운영
	컨설팅 조직	전문성	전문적 스킬 및 지식 컨설팅 경력 및 경험
		이해성	비즈니스 구조의 이해 비즈니스 환경, 특성, 프로세스 이해, 프로젝트에 대한 이해
		유대성	참여의도, 의사소통 능력, 프레젠테이션 능력

출처 : 윤용기(2005) 컨설팅 만족도 영역의 평가항목에서 인용

조민호, 설증웅(1999)은 컨설팅 프로젝트 평가항목 선정에 대해 아래 세 가지의 경우를 모두 고려해야 한다고 지적했다. 첫째, 컨설팅 프로젝트가 의뢰인에게 미치는 영향을 중심으로 평가항목을 선정하는 경우, 둘째, 컨설팅 프로세스 자체

에 관한 평가항목을 선정하는 경우, 셋째, 두 가지 모두를 적용하는 경우이다.

남수희(2002)는 컨설팅 고객만족이란 고객이 컨설팅 서비스에 대한 인지된 결과로서 이는 컨설팅과정과 그에 따른 결과를 측정함으로써 평가된다고 하였다. 이에 컨설팅 만족도의 결정요인으로 컨설팅과정, 컨설팅결과, 컨설턴트 능력, 그리고 예산 등 4개 요인은 컨설팅 고객 만족도 형성에 있어 중요한 변수임을 주장하였다. 4개 요인에 관한 측정문항을 구체적으로 살펴보면 다음과 같다. 첫째, 컨설팅과정을 측정하는 문항으로 컨설팅 수행절차 및 방법, 컨설팅사 데이터베이스, 컨설팅사의 서비스 품질, 컨설팅 일정준수로 구성되며, 둘째, 컨설팅결과에 대한 만족측정 문항으로 기업의 제반 문제해결, 컨설팅 결과물의 현실적용 가능성, 기업의 특성에 대한 이해 등이 포함된다. 셋째, 컨설턴트에 대한 만족은 인간적 자질, 업무처리 능력, 문제해결 솔루션 등의 문항으로 구성되고, 넷째, 예산에 대한 만족은 컨설팅 예산준수, 마케팅 능력, 컨설팅사의 네트워킹의 능력 등의 항목들이 포함된다.

본 연구에서는 컨설팅사 평가모형개발을 위해 [표 3-2]에서 제시한 컨설팅 평가영역과 [표 2-1]에서 제시한 컨설턴트에게 요구되는 역할과 남수희(2002)의 컨설팅 만족도 측정항목 중 컨설팅과정 및 결과에 관한 측정항목을 토대로 하여 ERP 특성을 반영한 컨설팅사 평가항목을 선정하였다.

아래의 [표 3-3]은 고객사와 컨설팅사를 단계별로 평가할 수 있는 두 종류의 평가모형 틀(Framework)을 제시한 것이다. 각 단계 고객사와 컨설팅사의 평가항목이 동일하게 표현된 것은 성공적인 ERP 시스템을 구축하기 위해서 이미 선행연구에서 살펴보았듯이 해당 항목이 각 단계마다 제대로 수행되어야 한다는 의미이다. 이를 위해 동일평가항목을 기준으로 고객사와 컨설팅사에서 수행하여야 할 세부 성공요인이 정의되고 이를 기반으로 평가 틀을 구성한다.

이 평가모형의 틀은 ERP 프로젝트 종료 이후 시스템의 효율성을 측정하는 사후평가가 아닌 각 단계의 완료 시점에서 시스템을 평가하는 데 초점을 두고 있다. 이러한 이유로 이 평가 틀은 각 단계별 상호간의 주요역할과 성공요인을 이해하는 가이드라인으로 사용할 수 있다.

[표 3-3] ERP 프로젝트 단계별 평가의 틀

단계	평가항목		세부 평가항목	
	컨설팅사	고객사	컨설팅사	고객사
도입단계	마스터 플랜수립		기업현황분석 및 이해 ERP 구축방안수립 마스터플랜 수립 컨설팅	내·외부 현황분석 목표 및 범위정의 ERP 중·장기 계획수립
	ERP 제품선정 및 업체 계약		기업특성에 적합한 기능제시 구축에 따른 서비스 지원제시 도입효과 제시	평가방법, 기준 정의 정의한 절차에 따른 평가 컨설팅사, 벤더사계약명확화
	프로젝트 계획수립		조직구성 및 책임역할정의 프로젝트 관리 계획수립 방법론 교육 프로젝트 착수회의 실시	조직구성 및 역할정의 일정, 인력, 자원계획 ERP 방법론 이해 적정팀 배치
	변화관리		변화관리 계획수립 및 지원 변화관리 활동참여 유도 사용자 변화관리 교육실시	변화관리 계획수립 변화관리 활동 사용자 교육참여
	PM 자질	최고경영자 지원	추진조직체계 설계능력 프로젝트 경비, 일정추정능력 의사소통 능력	적절한 예산, 자원지원 변화스폰서십 참피언 십 규명
	컨설턴트 자질	사용자 참여	전문가적 스킬 보유 ERP 컨설팅 경험 보유	ERP 도입목적 이해 변화 공감대 형성
구축단계	To-Be 프로세스 설계		As-Is 분석 To-Be 설계 가이드 및 지원 선진사례 제시	As-Is 분석 요구사항 정의 To-Be 설계 구체화 To-Be 업무기준정의
	프로토타이핑 활용		Configuration 정의 프로토타이핑 수행 및 지원 ERP 갭 차이분석 갭 차이 해결안 제시	Configuration 숙지 프로토타이핑 수행 합리적인 ERP와의 갭 분석, 대안설정
	데이터표준화 및 이행		마스터 데이터 정의 마스터 데이터 표준화 가이드 마스터 데이터 관리 가이드 이행전략 가이드 및 이행지원	마스터 데이터 표준화 마스터 데이터 관리안 수립 체계적인 이행준비 및 이행 이행데이터 검증

단계	평가항목		세부 평가항목	
	컨설팅사	고객사	컨설팅사	고객사
구축단계	적정 개발		커스터마이징 최소화가이드 시스템 통합방안 가이드 인터페이스, 개발 설계 ERP 시스템 기술전수	커스터마이징전략수립 추가개발설계 및 코딩 개발표준준수
	품질 테스팅		테스트 계획수립 테스트 수행지원 테스트 결과리뷰, 이슈 대응	합리적인 일정수립 통합, 성능 테스트 수행 테스트결과리뷰, 승인
	프로젝트 관리		구축단계 작업방법 가이드 합리적인 프로젝트 관리 단계별 품질활동	단계별 작업방법이해 고객중심 프로젝트 관리 프로젝트 관리자 리더십
	변화관리		변화관리 활동유도 변화관리 활동평가, 사용자 변화관리 교육	변화관리 활동수행 변화관리 활동개선 사용자 교육참여
	PM 자질	최고경영자 지원	통합 프로젝트 관리 능력 팀워크 제고능력 갈등중재, 합의도출 능력 경영층 협조유도 능력	총체적 지원과 관심 주요이슈 의사결정 현업참여 유도
	컨설턴트 자질	사용자 참여	문제파악 및 해결능력 전문지식 전수능력 신뢰, 협업 분위기 조성능력	프로젝트팀 헌신적 참여 부서 간의 협조 현업의 적극적 참여지원
정착화단계	시스템개통준비		시스템개통준비 가이드 사용자 교육지원 헬프데스크 체계 가이드	운영체계준비 사용자 운영교육 시스템 완성도 체크
	프로젝트 평가 및 종료		프로젝트 평가 및 종료보고 ERP 시스템 안정화 지원	프로젝트 완료보고 ERP시스템 안정화 시스템 모니터링/개선
		최고경영자 지원		성과보상 실시 변화 스폰서십
		사용자 참여		사용자 교육참여 현장중심 프로세스 개선

위에서 제시한 [표 3-3] ERP 프로젝트 단계별 평가항목은 연구모형에서 대표성을 표현하기 위해서 아래 [표 3-4]와 같이 고객사와 컨설팅사 각각의 평가항목으로 매핑 테이블을 제시한다.

[표 3-4] 평가항목과 연구모형상의 평가지표 간의 매핑

단계	평가항목		연구모형에서의 평가지표	
	컨설팅사	고객사	컨설팅사	고객사
도입	마스터 플랜수립 ERP제품 및 컨설팅사선정 프로젝트 계획수립 변화관리 PM자질/최고경영자지원 컨설턴트자질/사용자참여		마스터플랜 적정성 ERP제품 선진성 프로젝트계획 체계성 변화관리지원 적정성 프로젝트관리자 준비성 컨설턴트 전문성	목표 및 범위 적정성 제품선정 및 계약 적정성 프로젝트계획 적정성 변화관리계획 적정성 최고경영자 비전닝 사용자 참여도
구축	To-Be 프로세스설계 프로토타이핑 활용 데이터표준화 및 이행 적정 개발 품질 테스팅 프로젝트 관리 변화관리 PM자질/최고경영자지원 컨설턴트자질/사용자참여		프로세스설계지원 적정성 프로토타이핑지원 적정성 데이터 설계 적정성 시스템 통합성 테스팅 체계성 수행과정 적정성 변화관리 체계성 프로젝트 관리자 리더십 컨설턴트 서비스성	프로세스 완성도 프로토타이핑 완전성 데이터 표준화/이행 정확성 적정 개발 타당성 테스팅 적정성 프로젝트 관리 적정성 변화관리활동 적정성 최고경영자 참여도 사용자 참여성
정착화	시스템개통준비 프로젝트 평가 및 종료 최고경영자 지원 사용자참여		시운전 체계성 프로젝트 완성도 평가	시스템 준비성 프로젝트 만족도 평가 최고경영자 지원 사용자참여도

제 2 절 AHP 를 활용한 평가항목 상대적 중요도 분석

1. AHP 분석기법

(1) AHP 분석기법의 개요

ERP 프로젝트의 평가모형 설계 과정에서 평가항목은 프로젝트 환경, 평가 방법 및 프로젝트 전략 등에 따라 다양하게 나타날 수 있다. 그러나 이러한 평가항목을 정량화된 수치로 분석하는 것이 쉽지 않기 때문에, 전문가의 주관적 판단에 기초하여 평가항목에 가중치를 부여하고 이를 객관적으로 평가할 수 있는 기준이 필요하다. 이에 본 연구에서는 전문가의 주관적 의견을 정량화하기 위해 Saaty AHP 기법을 적용하려고 한다.

AHP 기법은 1970 년대 Saaty 에 의해 처음 소개된 계층구조에 대한 대표적인 평가방법 중의 하나이다. 이 기법은 불확실한 상황이나 다양한 평가기준에 대해 인간의 주관적 판단과 시스템적 접근을 잘 적용한 문제 해결형 의사결정 방법이다. AHP 기법은 의사결정 문제가 다수의 평가기준으로 이루어져 있는 경우 평가기준들을 계층화하고 계층에 따라 중요도를 정해 가는 방법이기 때문에, 복잡한 의사 결정 문제를 효율적으로 해석할 수 있고 여러 요인들의 상대적 가중치나 선호도, 우월 정도를 나타내기 위한 쌍대 비교도 가능하게 한다. 따라서 수많은 사람, 기준, 기간 등으로 구성된 복잡한 의사결정의 문제도 분해를 통해 계층적 접근을 가능하게 하기 때문에 유용하게 응용될 수 있다 (Saaty, 1990).

Hafeez et al(2002)은 AHP 는 양적(quantitative) 평가기준은 물론이거니와 의사결정문제에서 다루기 곤란하면서도 반드시 고려해야만 하는 질적 (qualitative) 평가기준들도 비교적 쉽게 처리할 수 있다는 장점을 가진다고 지적하였다. 뿐만 아니라 AHP 는 계층구조 작성이 비교적 단순하여 이를 평가하는 설문조사 및 처리 절차가 복잡하지 않다는 장점을 가지고 있다(Wind

& Saaty, 1980).

AHP 기본 형태는 [그림 3-2]과 같이 3 단계로 구성된다. 상위단계로서 의사결정자의 목표, 중간단계로서 하부단계(대안)의 비교와 평가의 요소, 그리고 하부단계로서 대안들로 구성되는 계층구조를 이룬다. 중간단계는 다시 문제의 복잡성에 따라 여러 단계로 세분화될 수 있다. 문제해결을 위한 단계가 구성되면, 최종목표를 위해 각 평가기준의 가중치를 산출하고 이를 통해 각각의 대안을 평가한다. 이 과정에서 동일단계에 있는 평가기준의 가중치는 그대로 하위단계에 전달되는데 이러한 계층적 구성원리에 의해 최적의 대안을 선택한다.

[그림 3-2] AHP 기본 형태

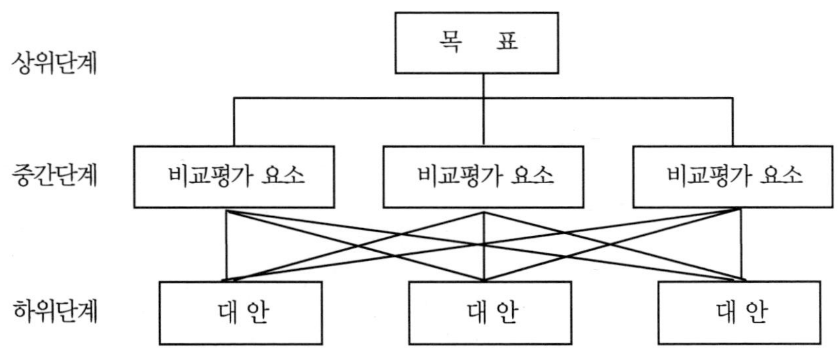

출처: Wind 와 Saaty(1980), "Marketing Application of The AHP," 연구논문에서 인용.

본 연구에서 제시하는 평가모형의 계층구조는 고객사용 AHP 평가계층구조와 [그림 3-3] 컨설팅사용 AHP 평가계층구조 [그림 3-4]로 분류된다. AHP 계층구조 형태는 3 단계로 나누어 구성되었다. 레벨 1 은 평가의 목표로 AHP 분석기법의 사용 목적에 따라 평가항목의 가중치와 평가자의 평가척도로 결정하였다. 레벨 2 는 레벨 1 의 평가항목 가중치에 영향을 미치는 평가단계의 분류 체계로 구성되었고, 레벨 3 은 각 평가단계 분류체계의 평가항목으로 구성되었다.

　　[그림 3-3]과 [그림 3-4]의 계층구조의 특징을 살펴보면, 컨설팅사와 고객사의 레벨 1 에는 동일한 기준이 적용되나 레벨 2 에서는 고객사와 컨설팅사의 평가항목 간에 다소 차이가 존재한다. 고객사의 평가항목은 사용자 참여, 최고경영자 지원 및 관심에서 컨설팅사와 차이가 있으며, 컨설팅사의 평가항목은 프로젝트 관리자 자실, 컨설턴트 자질에서 서로 다르게 구성되었다. 정착화단계에서도 고객사의 평가항목은 컨설팅사와는 달리 사용자 참여, 최고경영자 지원관심 항목 등 2 개의 평가항목이 추가로 포함되었다. 이는 고객과 컨설팅사가 수행해야 할 역할과 그에 따른 성공요인 중 중요도가 높은 평가항목이 선정된 이후 계층화되었기 때문이다.

[그림 3-3] 평가항목의 계층구조 (고객사용)

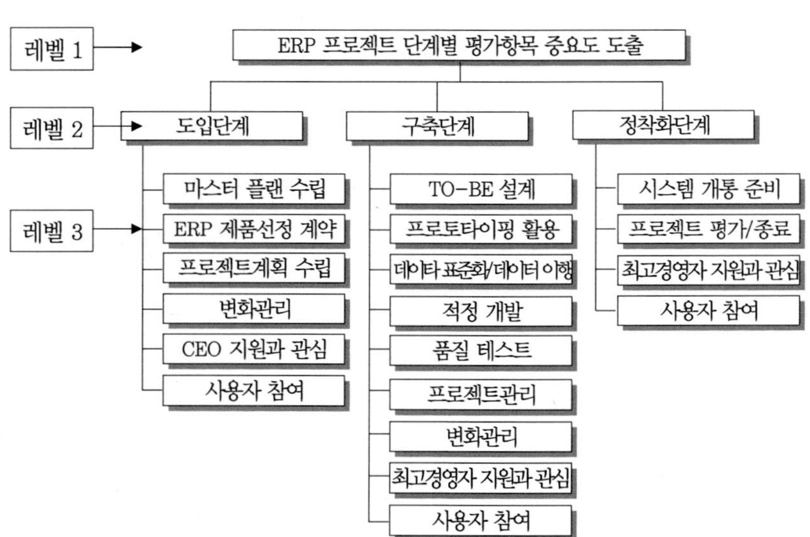

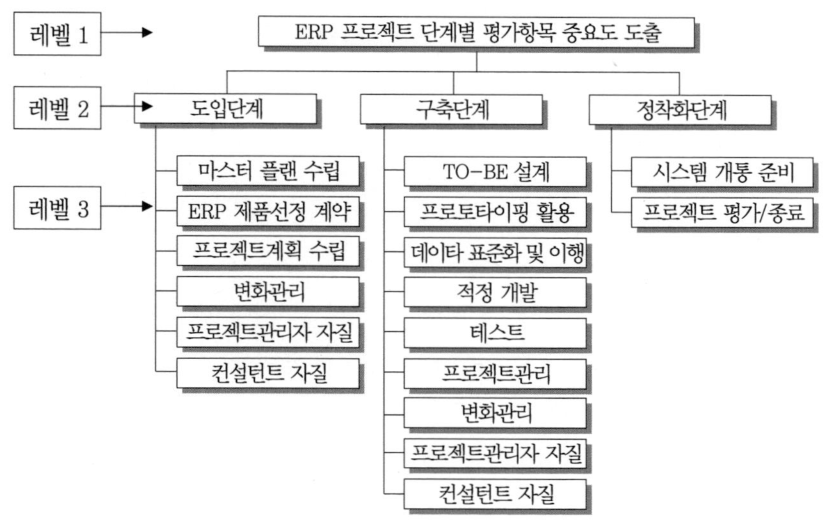

(2) AHP 분석 절차

AHP는 많은 연구자들에 의하여 다양한 분야에서 광범위하게 연구되고 있다. 특히 정부 차원에서 자원배분을 위한 편익, 비용 분석, 기업경영 계획, 포트폴리오 선정 및 평가모형의 개발에 이용되고 있다. 정보기술 영역에서는 이종무(1997), Luo & Strong(2004), 손동기(2003), Huang et al.(2004) 등에 의해 활발히 연구가 진행되고 있다.

이 AHP를 이용하여 의사결정 문제를 해결하는 경우에는 보통 6단계의 접근 과정을 밟는다. 1) 우선순위가 되는 요구사항을 선정하고, 2) 요구사항을 N*N AHP Matrix의 행과 열로 배치한다. 3) Matrix 내에 있는 의사결정 사항들의 쌍대 비교(pair wise comparison)를 실시한 후 4) 행을 합산하고 5) 합산된 열을 정규화하여 6) 열의 평균을 계산하여 가중치를 설정하는(Teltumbde, 2000) 단계가 그것이다.

이상과 같이 AHP 기법은 전문가적 판단이나 주관적 판단에 크게 의존하는 문제상황에 적합하다. 또한 질적인 요소와 양적인 요소를 모두 포함하는 기준 상황에 적용할 수 있으며, 항목별 자원배분 문제에도 적용이 가능하다. AHP 는 의사결정자의 오랜 경험과 직관 등을 평가하는 데 목적을 두어 질적 평가 기준도 비교적 쉽게 처리할 수 있다는 점에서 분석 과정 역시 직관적이고 쉽다는 특징을 가진다(Vargas, 1990).

(3) AHP 설문지 조사

AHP 기법을 사용하여 ERP 프로젝트 단계별 평가항목에 대한 중요도를 도출하기 위해 연구 대상을 5 년 이상 ERP 컨설팅 경험을 보유한 20 명 전문가와 10 개의 기업체로 한정하였다. 설문 기간은 2005 년 10 월 20 일부터 10 월 28 일까지로, 총 50 부의 설문지를 배포하여 그중 45 부를 회수하였다. 그중 통계적으로 유의하지 않은 4 개의 설문지를 제외한 나머지 41 부를 토대로 [2] EXPERT CHOICE 11 을 활용하여 AHP 분석을 실시하였다. EXPERT CHOICE 은 의사결정자가 다중평가영역을 가지는 문제를 검증하거나 해석하는 데 도움을 주는 유용한 도구이다(Udo, 2000).

AHP 분석 설문지는 [그림 3-5]에서 제시된 바와 같이 ERP 구축단계별 고객사 AHP 분석설문서와 컨설팅사 AHP 분석설문서 등 두 부류로 구성되었다. 평가항목의 각 요인과 요인들 사이에 상대적 중요도는 1:1 로 하여 두 요인 사이에 1 에서 9 까지 척도를 부여함으로써 더 중요한 요인에 대해 그 상대적 중요도를 비교할 수 있도록 작성하였다. 예를 들면, 구축단계 To-Be 설계 평가항목이 프로토타이핑 평가항목보다 약간 중요하다고 판단되면 왼쪽 3 에 표시하고 반대로 프로토타이핑 항목이 중요하다고 판단되면 오른쪽 5 에 표시하도록 하였다.

---

[2] EXPERT CHOICE(EC) 11 는 AHP 분석 도구로서 AHP 분석 결과를 그대로 자원(인력,자금, 시간 등)의 기준으로 활용할 수 있는 소프트웨어이다. EC 를 활용함으로써 복잡한 문제들을 해결할 수 있도록 도움을 주고, 여러 그룹의 의사결정을 지원하는 도구이다.

기준	극히중요	매우중요	중요	약간중요	동등	약간중요	중요	매우중요	극히중요	기준
TO-BE 설계	9 8 7	6 5 4	3 2	1	2 3 4	5 6 7	8 9			프로토 타이핑
TO-BE 설계	9 8 7	6 5 4	3 2	1	2 3 4	5 6 7	8 9			데이터 표준화

2. AHP 분석결과

AHP 분석은 평가항목을 중심으로 단계별(로컬: Local) 상대적 중요도와 전체단계(글로벌: Global)의 상대적 중요도라는 두 종류의 가중치를 설정할 수 있다. 본 연구의 평가모형에서는 구축단계별 평가점수를 계산하기 위해서 글로벌 가중치 적용이 아닌 로컬 가중치를 적용하였다. 그 이유는 고객사와 컨설팅사가 어느 단계의 어떤 항목에서 각각의 역할을 제대로 수행 불가인지를 분석하는 데 초점이 맞추어져 있기 때문이다.

고객사와 컨설팅사의 단계별 평가항목에 대한 상대적 중요도는 다음과 같다. 고객사 평가항목의 상대적 중요도 분석결과, 정착화단계의 상대적 중요도는 0.608 로 가장 중요한 것으로 나타났으며, 그 다음으로 구축단계, 도입단계 순으로 나타났다[표 3-5].

일관성 비율은 AHP 분석과정에서 판단결과의 논리적 일관성을 검증하는 것으로, 고객사 입장에서 본 설문응답의 통합결과는 각 쌍대 비교 메트릭스별로 도입단계가 0.014, 구축단계가 0.013, 그리고 정착화단계가 0.010 으로 나타났다. 일반적으로 일관성 비율이 0.1 이하인 경우 논리적 일관성을 유지한 것으로 보아 판단결과를 수용하게 되는데(Saaty, 1980), 위의 결과에서는 일관성 비율이 모두 기준인 0.1 보다 낮으므로 수용할 수 있는 것으로 나타났다[3].

[표 3-5] 고객사의 ERP 프로젝트 단계별 평가항목 우선순위

레벨 1		레벨 2	LOCAL		GLOBAL	
			단계별중요도	순위	중요도	순위
도입 (0.143)	CR : 0.014	ERP제품선정/계약	0.079	6	0.011	18
		프로젝트계획 수립	0.087	5	0.012	17
		변화관리	0.178	3	0.026	11
		CEO지원과관심	0.294	1	0.042	7
		사용자참여	0.231	2	0.033	9
		Master Plan 수립	0.131	4	0.019	14
구축 (0.249)	CR : 0.013	TO-BE설계	0.073	7	0.018	15
		프로토타이핑	0.057	8	0.014	16
		데이타표준화	0.110	4	0.027	10
		개발	0.044	9	0.011	18
		테스트	0.096	6	0.024	13
		프로젝트관리	0.102	5	0.025	12
		변화관리	0.145	3	0.036	8
		CEO지원과관심	0.190	1	0.047	5
		사용자참여	0.183	2	0.046	6
정착화 (0.608)	CR : 0.010	Cut-over	0.203	3	0.124	3
		프로젝트 평가/종료	0.163	4	0.099	4
		CEO지원과관심	0.336	1	0.204	1
		사용자참여	0.299	2	0.181	2

전체 CR: 0.024

고객사의 AHP 로컬 가중치 분석결과에 의하면, ERP 도입단계에서는 최고 경영자의 지원과 관심이 가장 중요하게 나타났으며 그 다음으로 사용자 참여, 변화관리 그리고 마스터 플랜의 체계적 수립의 순으로 나타났다. 도입단계에서 마스터 플랜 수립이 중요한 이유는 기업의 비전과 전략이 연계된 목표가 수립되고 이를 달성하기 위한 정량적인 지표가 선정되어야만 ERP 시스템이 기업의 목표를 효과적으로 관리할 수 있는 의사결정 도구로 활용될 수 있기 때문이다.

구축단계에서도 도입단계와 마찬가지로 최고경영자 지원과 관심, 사용자 참

---

[3] 본 분석에서는 모형 전체에서 일관성 비율이 0.15 이하인 설문응답자의 설문만을 대상으로 통합하여 그룹의사결정을 도출하였다. 이 경우에도 모든 쌍대비교 메트릭스별로 일관성 비율이 0.1 이하인 응답자의 설문 만을 대상으로 통합하는 것이 보다 바람직하나, 메트릭스별 판단요소의 수가 9 개까지 이르는 점을 고려하여 일관성 비율이 0.15 이하인 경우로 확대하였다.

여, 변화관리가 중요한 평가요소로 나타났으며, 그 다음으로 데이터의 표준화, 프로젝트 관리, 테스트 등의 순으로 중요도가 나타났다. 이것은 구축과정에서 데이터 정비와 데이터의 정합성 확보 및 프로세스 수행여부를 검증할 수 있는 충분한 테스트가 ERP 시스템 안정화 기간을 단축시키기 때문으로 보인다. 아무리 기능이 풍부하고 사용하기 편한 시스템이 구축된다고 할지라도 데이터 이행이 제대로 실행되지 않는다면 그 시스템은 사용할 수 없다. 한편, 테스트가 불충분한 상태에서 ERP 시스템을 오픈하면, 가동 초기 시스템상의 심각한 에러발생으로 가동이 중단될 수 있다. 이러한 점에서 가동 직전에 새로운 시스템의 성능, 데이터 정합성 등을 검증하는 과정은 필수적이다.

　정착화단계에서도 최고경영자의 관심과 지원 및 사용자 참여, 그 다음으로 시스템 개통(cut-over) 항목이 중요한 것으로 나타났다. 이는 ERP 시스템의 빠른 안정화를 위해 운영체계 및 운영절차수립, 그리고 헬프 데스크 운영을 강화하는 데 관심이 점점 높아지고 있음을 의미한다.

　[그림 3-6]은 고객사용 단계별 평가항목 간의 글로벌 가중치 순위를 나타내고 있다. 글로벌 가중치 결과에서는 19 개 평가항목의 우선순위를 보면, 변화관리, 사용자참여, 최고경영자 지원과 관심 등의 평가항목이 각 단계별로 모두 존재하나 이를 별도의 항목으로 구분하여 전체평가항목의 글로벌 가중치로 표현하였다.

　19 개 평가항목 중 글로벌 가중치가 가장 높은 항목은 정착화단계의 최고경영자 지원과 관심, 사용자 참여, 시스템 개통 준비 순으로 나타났다. 이는 시스템 오픈 전 개통준비의 중요성을 다시 한 번 일깨워준 결과라고 볼 수 있다.

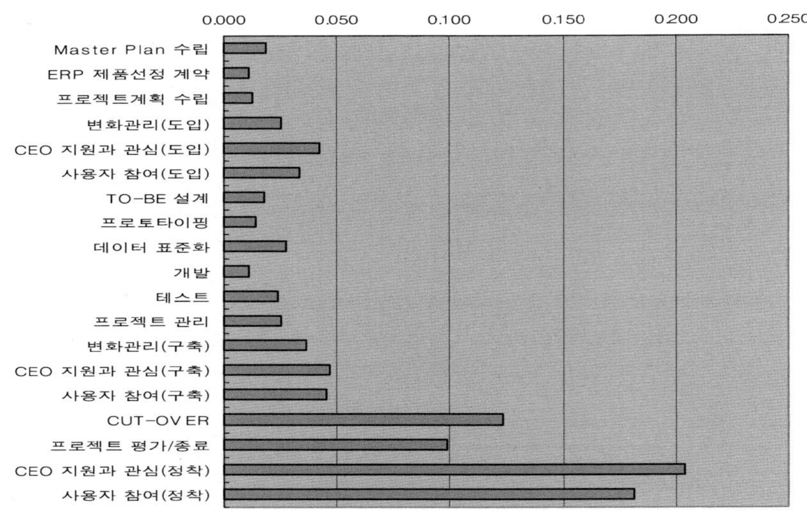

아래 [표 3-6]에서 제시한 컨설팅사의 상대적 중요도 분석 결과를 살펴보면, 고객사와 달리 구축단계가 가장 중요단계로 나타났으며, 그 다음으로 ERP 도입단계, ERP 정착화단계 순으로 분석되었다. 일관성 비율은 도입단계는 0.010, 구축단계는 0.012, 정착화단계는 0.000 으로 모든 단계에서 수용할 수 있는 것으로 판단된다. 이러한 결과는 구축단계에서 많은 일이 수행되기 때문에 이로 인해 여러 가지 문제점이 발생한다는 점에 기인하고 있다. 따라서 컨설팅사는 구축단계에서 이슈에 대한 적절한 대안을 제시하고 체계적인 작업 방법을 안내함은 물론이거니와 적극적으로 지식을 전수하여 고객이 합리적인 의사결정을 할 수 있도록 도와야 한다.

[표 3-6] 컨설팅사의 ERP 프로젝트 단계별 평가항목 우선순위

레벨1		레벨2	LOCAL		GLOBAL	
			단계별중요도	순위	중요도	순위
도입 (0.327)	CR : 0.010	Master Plan 수립	0.130	5	0.043	10
		프로젝트계획 수립	0.202	2	0.066	4
		ERP제품선정/계약	0.084	6	0.027	15
		변화관리	0.191	3	0.062	5
		PM자질	0.231	1	0.075	3
		컨설턴트자질	0.163	4	0.053	9
구축 (0.354)	CR : 0.012	TO-BE설계	0.098	7	0.035	14
		프로토타이핑	0.045	9	0.016	17
		데이타표준화	0.160	1	0.057	6
		개발	0.060	8	0.021	16
		테스트	0.110	5	0.039	12
		프로젝트관리	0.151	3	0.054	8
		변화관리	0.157	2	0.056	7
		PM자질	0.115	4	0.041	11
		컨설턴트자질	0.104	6	0.037	13
정착화 (0.319)	CR : 0.000	Cut-over	0.690	1	0.220	1
		프로젝트 평가/종료	0.310	2	0.099	2

전체 CR: 0.015

위의 [표 3-6]의 결과를 보다 자세하게 살펴보면, 먼저 도입단계에서는 프로젝트 관리자의 자질이 가장 중요한 것으로 나타났고, 다음으로 프로젝트에 대한 계획수립, 변화관리, 그리고 컨설턴트 자질 등의 순으로 중요도가 나타났다. 이는 충분한 ERP 구축경험과 관리자의 역량이 성공적인 팀 편성, 기업에 맞는 방법론 제시, 합리적인 프로젝트 계획수립 및 지식이전에 영향을 미치고 있음을 보여주는 결과이다.

구축단계에서는 데이터 표준화가 가장 중요한 항목으로 나타났다. 데이터 표준화는 한 프로세스에서 발생한 데이터를 별도의 작업 없이 다른 프로세스에서 그대로 사용할 수 있게 한다. 즉 표준화된 데이터는 프로세스 통합과 데이터 통합을 가능하기 때문이다. 컨설팅의 입장에서도 마스터 데이터 표준화와 이행이 오픈 이후 시스템 안정화와 프로젝트의 성공적인 종료에 중요한 요소임을 강조하고 있다. 비록 데이터 표준화와 이행은 현업에 의해 수행되고, 시스템 이후 데이터관리가 이루어지나 고객이 체계적으로 데이터 표준화와 데이터 이행 작업을 할 수 있도록 컨설턴트는 데이터 표준화를 위한 작업방법과 이행전략에 대해 적극적인 가이드를 해주어야 한다. 데이터표준화 작업은 많은 시간과 노력이 필요하기 때문에 도입단계에서부터 이 부분에 대한 고객의 인식이 확립되지 않는다면 프로젝트 진행에 영향을 미쳐 프로젝트가 연장되는 사태도 발생할 수 있다. 그 다음으로 변화관리 항목이 중요한 것으로 나타났는데, 이는 ERP 시스템의 빠른 안정화를 위해 고객사를 프로젝트에 참여시키고 변화를 수용할 수 있도록 충분한 교육과 지식을 전수하는 것이 필요함을 의미하는 것이다.

마지막으로 정착화단계에서는 시스템 개통(cut-over) 준비 그리고 프로젝트 평가와 종료항목이 중요한 것으로 나타났다. 이 결과는 ERP 시스템의 빠른 안정화를 위해 운영체제, 운영절차 및 헬프데스크의 운영준비를 위해 컨설팅사 가이드가 강화되어야 한다는 것을 의미하며, 프로젝트의 목표에 비해 성과가 어느 정도 달성되었는지에 관한 관심을 보이고 있다는 결과이다.

[그림 3-7]는 컨설팅사용 평가항목의 중요도를 제시하여 ERP 프로젝트의 3 단계에서 사용되는 17 개 평가항목의 우선순위를 나타낸 결과이다. 각 단계별로 존재하는 프로젝트 관리자 자질, 컨설턴트 자질, 변화관리 등의 평가항목을 별도로 구분하여 전체 항목의 글로벌 가중치로 표현하였다. 17 개 평가항목 중 정착화단계의 시스템 개통준비와 프로젝트 종료 및 평가의 가중치가 가장 높았으며 0.05 이상의 가중치를 나타낸 항목은 프로젝트 계획수립, 프로젝트 관리자 자질, 컨설턴트 자질, 데이터 표준화 및 이해, 프로젝트 관리 및 변화관리 등이었다.

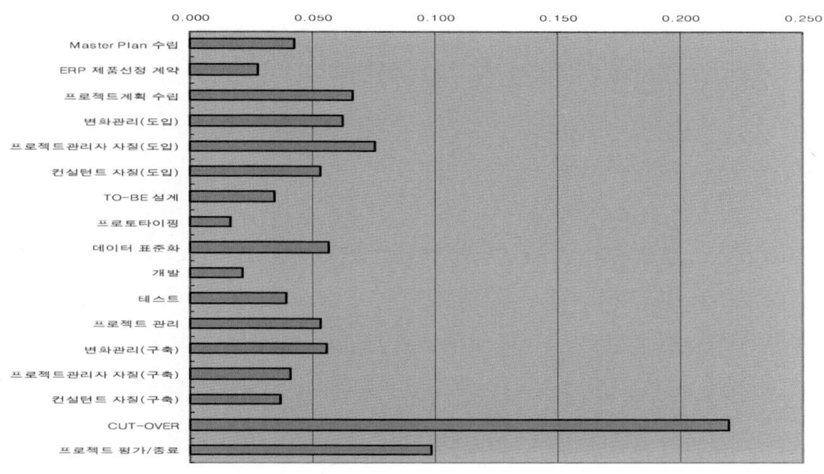

[그림 3-7] 컨설팅사의 평가항목 글로벌 가중치 결과

이상에서 살펴본 AHP 분석결과를 종합적으로 정리해 보면, 고객사 측면에서는 프로젝트 전체단계에서 최고경영자 지원과 관심, 변화관리, 사용자 참여가 중요하고 컨설팅사 측면에서는 컨설팅 전문가로서의 자질과 프로젝트 관리 능력이 중요함을 알 수 있었다. 특히 컨설턴트는 구축단계에서 데이터 표준화 및 이행 가이드 등의 다양한 역할을 담당하고 있었다. 한편, 컨설팅사와 고객사 모두에게 중요한 평가항목은 ERP 시스템의 신뢰성과 데이터 품질이다. 이는 컨설팅사와 고객사 모두는 데이터표준화 작업과 정확한 데이터 이행 그리고 ERP 시스템 테스트 수행 등에 높은 비중을 두고 있으며, ERP 시스템의 조속한 안정화와 조직 내 새로운 프로세스 정착화를 위해 깊은 관심을 가지고 있는 것으로 해석될 수 있다.

제 3 절 ERP 프로젝트 평가모형 개발

1. ERP²E 평가지 구성 및 평가체계

(1) 평가지 구성

프로젝트 진행과정을 평가하기 위해서는 평가용 설문서 또는 단계별 평가용 체크리스트가 필요하다. 본 연구에서는 이미 도출한 평가항목과 세부항목을 근거로 설문지를 개발하였는데, 이를 ERP²E 평가지로 정의한다. ERP²E 평가지는 ERP 프로젝트 각 단계별 고객사와 컨설팅사의 수행결과를 평가할 수 있는 평가도구로서 고객사용과, 컨설팅사용으로 구분하였고 평가문항은 평가항목별 세부항목으로 구성되었다. [표 4-1]와 [표 4-2]는 고객사와 컨설팅사 각각의 평가항목과 세부항목이 포함된 평가지이다.

ERP²E 평가지를 구체적으로 살펴보면, 고객사의 경우, 도입단계 평가항목 6 개, 세부측정항목 24 개, 구축단계 평가항목 9 개, 세부측정항목 36 개, 정착화단계 평가항목 4 개, 세부측정항목 12 개로 총 72 개 항목으로 구성되었다. 컨설팅사의 경우, 도입단계 평가항목 6 개, 세부 측정항목 21 개, 구축단계 평가항목 9 개, 세부측정항목 35 개, 정착화단계 평가항목 2 개, 세부측정항목 6 개로 총 62 개 문항으로 구성되었다. 질문에 대한 응답은 5 점 척도(Likert Scale)가 구성되었다.

(2) 평가체계

ERP 프로젝트 단계별 진행과정을 평가하는 것은 사용자가 컨설턴트의 활동과 서비스의 수준을 정확히 파악하기 때문에 전통적인 정보시스템의 측정과는 다르다. 따라서 ERP 프로젝트 구축과정에 대한 평가는 프로젝트 팀원들 중심으로 이루어진다. 이러한 점에서 본 연구의 평가주체와 대상은 프로젝트에 참여하는 핵심인력을 중심으로 평가하고, 고객의 평가주체 범위는 현업으로 구성된 프로젝트 팀원, 그리고 현장에서 근무한 현업으로 구성되며, 컨설팅사의 평가주체 범위는 프로젝트 관리자, 컨설턴트로 정의한다.

평가방법은 평가의 객관성을 확보하기 위해 고객사와 컨설팅사 간의 상호평가를 전제로 한다. 상호평가는 서로 간의 작업수행에 대한 만족도를 측정할 수 있으며, 각 단계작업의 완성도를 높이는 데 있어서 역할상에서 자신의 문제점과 개선사항을 인식할 수 있는 기회를 제시한다.

[표 3-7]에 제시된 평가대상과 주체 범위를 정리하면, 고객사의 경우 최고경영자는 평가 대상에는 포함되나 평가 주체에서는 제외되었다. 그 이유는 일반적으로 최고경영자는 프로젝트 단계별 결과에 대한 보고만 받고 프로젝트에 직접적으로 참여하는 일이 거의 없기 때문이다. 한편, 프로젝트 팀(TFT)은 자신을 제외한 모든 대상을 평가할 수 있는 반면, 현업은 프로젝트 팀에 참여하는 것보다는 현장 참여가 많기에 최고경영자만을 평가할 수 있도록 하였다. 본 연구에서는 고객사의 프로젝트 관리자, 프로젝트 팀(TFT), 현업 중심이 참여하여 컨설팅사의 컨설턴트와 프로젝트관리자들의 역할 및 서비스를 평가하도록 한다.

컨설팅사의 경우 평가주체는 프로젝트 관리자(project manager)와 컨설턴트이다. 평가주체는 [표 3-7]의 평가대상에서 자신을 제외한 모든 사람을 평가할 수 있으나 본 연구에서는 고객사만을 평가하는 것으로 한정하였다. 이는 프로젝트관리자와 컨설턴트가 ERP 프로젝트 수행경험을 갖춘 전문가로서 고객사의 업무수행 정도를 객관적으로 검토할 수 있기 때문이다. 그러나 본 연구에서는 상호평가로서 프로젝트관리자와 컨설턴트가 고객사의 프로젝트 팀과 최고경영자 및 현업을 평가하도록 한다.

[표 3-7] ERP²E 평가지의 평가대상과 주체

| ERP²E 평가지의 평가대상과 주체 | | | 평가 대상 | | | | |
| | | | 고객사 | | | 컨설팅사 | |
			최고경영자	프로젝트팀	현업	PM	컨설턴트
평가주체	고객사	최고경영자					
		프로젝트 팀				○	○
		현 업				○	○
	컨설팅사	프로젝트관리자	○	○	○		
		컨설턴트	○	○	○		

(3) 평가방법

일반적으로 프로젝트 평가방법은 평가의 목적에 따라 크게 두 가지 접근방법을 들 수 있다. 하나는 단계말 시점의 평가와 나머지 방법은 프로젝트 종료시점 모든 단계를 동시에 평가하는 방법이다. 본 연구의 ERP²E 모형이 제시하는 평가방법은 구축과정을 평가하는 방법으로서 ERP 프로젝트의 단계별 평가방법을 의미한다. 이 방법에서는 로컬가중치를 사용하며 이는 단계별 평가항목의 우선순위를 기반으로 단계별 점수계산에 적용된다. 두 번째 평가방법은 도입, 구축, 정착화 3 단계가 포함된 프로젝트 단위를 평가하는 방법이다. 이 방법에서는 글로벌 가중치를 사용한다. 글로벌 가중치는 ERP 프로젝트 종료시점 전체 단계에 사용되는 평가항목의 우선순위를 기반으로 단계별 점수를 계산하는 데 사용되는 가중치이다. 따라서 평가방법은 평가 목적에 따라 선택할 수 있다.

먼저 단계별 평가방법은 각 단계별 5 점을 척도로 5 점 만점으로 계산되며 이를 환산하여 100 점으로 적용할 수 있다. 즉 각 단계의 평가문항 척도점수에 평가항목별 로컬 가중치를 곱한 값을 모두 합산하여 단계점수를 계산한다. 두 번째 방법은 각 단계를 동시에 평가한 후 도입, 구축, 정착화단계의 평가점수를 합산한 총점이 5 점 만점으로 계산되는데, 우선 각 단계평가항목의 글로벌 가중치와 평가항목의 척도점수를 곱하여 각 단계의 점수를 계산한 후, 단계별 점수에 단계의 가중치를 곱한 값을 합산하여 최종평점을 계산한다. 두 방법 모두 고객사와 컨설팅사를 각각 평가할 수 있으나 평가시점과 목적에 따라 평가방법을 선택할 수 있다.

보다 구체적으로 평가점수의 계산과정을 설명하면 다음과 같다.

로컬 가중치를 적용한 전자 방법의 경우, 고객사 또는 컨설팅사 단독평가를 단계별로 실시할 때는 아래와 같은 평가계산식으로 표현할 수 있다.

(1) 단계별 평가항목별 평균점수 = Σ세부항목별 점수 / 세부측정문항수

(2) 단계별 평가항목별 가중점수 =

   단계별 평가항목별 평균점수(1) * 해당평가항목 로컬가중치

(3) 단계별 평점 = 단계별 Σ 평가항목별 가중점수(2)

위의 계산과정에서 컨설팅사와 고객사의 평가항목별 평균점수 계산은 세부문항에 모두 응답하지 않을 경우, 세부문항의 수로 나누어 평균값을 계산하면 응답점수의 정확도가 낮아지기 때문에, 일반적인 평균점수 계산법 적용이 아닌 세부측정문항에 응답한 문항수만 평균점수로 계산하였다.

위와 같은 평가방법이 주는 효과는 단계마무리 시점에 완성도를 체크하고 다음단계를 위해 미비한 사항을 찾아내는 데 도움을 준다. 또한 현 단계의 문제점을 파악한 후 다음단계에 영향을 주는 부분이 무엇인지를 우선순위에 따라 분석할 수 있다는 점이다. 또한 문제가 발생할 경우, 책임주체를 확인하여 즉각적으로 대응할 수 있고 구축과정에서 고객과 컨설팅사 상호간에 발생할 수 있는 갈등과 의사소통의 장애를 줄일 수 있다.

반면, 글로벌 가중치를 적용한 후자 방법의 경우, 고객사 또는 컨설팅사 단독평가를 프로젝트 레벨에서 실시할 경우에 아래와 같은 계산식을 적용한다.

(1) 단계별 평가항목별 평균점수 = Σ 세부항목별 점수 / 세부문항수

(2) 단계별 평가항목별 가중점수 =

   단계별 평가항목별 평균점수(1) * 해당평가항목 글로벌가중치

(3) 단계별 평점 = 단계별 Σ 평가항목별 가중점수(2) * 단계별 가중치

(4) 프로젝트 평점 = Σ 단계별 평점(3)

글로벌 가중치를 사용하는 평가방법은 프로젝트 종료 시점 혹은 오픈 이후에 자체평가를 통해 스스로 개선할 부분을 찾을 수 있어 시스템과 프로세스가 조직에 정착화되는 데 필요한 요소를 재확인하는 데 효과가 있다.

본 평가모형 개발에서는 구축과정 단계별 평가에 초점이 되었으므로 로컬가중치를 적용한 첫 번째 평가방법을 적용하고자 한다.

2. ERP²E 평가모형 개발

ERP 프로젝트 도입, 구축, 정착화 3 단계 평가모형을 고객사와 컨설팅사로 분류하여 통합적인 평가모형을 제시하면 [그림 3-8]과 [그림 3-9]와 같다. 본 연구의 평가모형은 [표 3-3]에서 제시한 단계별 평가 틀과 [그림 3-3]과 [그림 3-4]의 AHP 구조, 그리고 평가방법 및 평가지를 조합하여 고객사와 컨설팅사 각각을 평가할 수 있도록 두 가지 형태로 개발되었다. 평가모형을 통한 판정기준과 활용효과를 좀더 구체적으로 정리해 보면 다음과 같다.

본 ERP²E 평가모형은 ERP 프로젝트 과정에서 고객과 컨설턴트가 수행한 작업결과를 도입, 구축, 정착화단계별로 상호 평가할 수 있는 모형이다. ERP²E 모형은 단계별로 고객사와 컨설팅사가 관리하는 주요항목을 파악하도록 유도하고 AHP 분석기법을 이용하여 각 단계 평가항목의 중요도를 확인할 수 있게 한다. 이에 따라 프로젝트를 시작하기 전이나 다음 단계로 전환하기 전에 합리적인 프로젝트 관리를 할 수 있게 하며 위험요인도 사전에 예측할 수 있다. 또한 ERP²E 평가지는 단계별로 고객사와 컨설턴트 역할상의 문제점을 즉시 발견하고, 어떤 평가항목 부분에서 상호간의 인식차이가 발생하는지를 파악할 수 있도록 해주기 때문에, 좀더 객관적인 시각으로 프로젝트를 볼 수 있게 한다. 더불어 문제가 발생했을 경우에도 적시에 대응안을 수립하여 다음 단계의 완성도를 높일 수 있게 해준다.

따라서 본 연구에서 제시한 ERP 프로젝트 평가모형은 객관적, 주관적 지표를 모두 포괄하고 있으므로 프로젝트 추진과정을 체계적으로 평가할 수 있고

자원관리의 효율성과 구축방법론 적용의 적정성, 조직의 목표 부합도 및 프로젝트 관리의 합리성 등을 종합적으로 평가할 수 있다는 점에 의의가 있다. 또한 본 연구에서 제시한 평가모형은 프로젝트 관리 측면에서, ERP 프로젝트에 참여하는 타스크팀(TFT), 현업, 컨설턴트, 프로젝트 관리자 등 이해관계자들의 다양한 의견과 그들의 만족도 수준을 파악하고 개선하는 데 도움을 줄 수 있다. 품질보증의 관점에서는 외부 ERP 의 감리 수행 및 ERP 품질활동도구로서 활용될 수도 있다.

[그림 3-8] ERP²E 평가모형(고객사용)

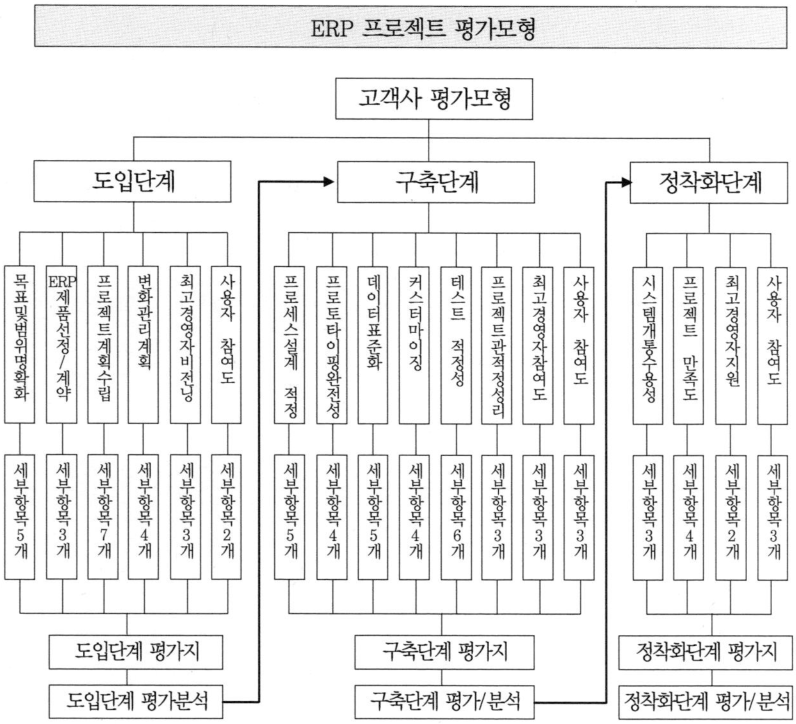

[그림 3-9] ERP²E 평가모형(컨설팅사용)

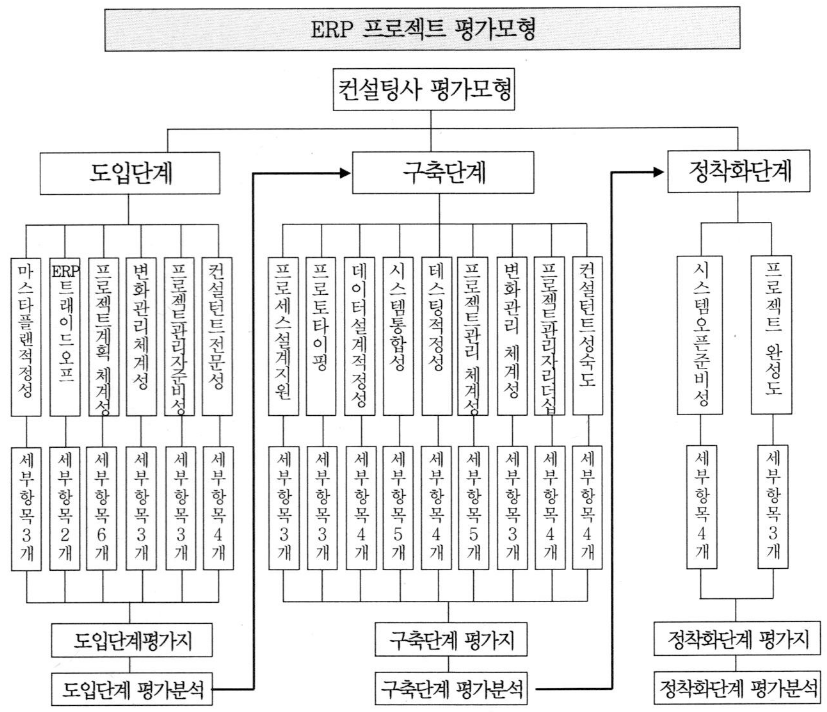

ERP 프로젝트 평가모형 검증

제1절 ERP 프로젝트 평가모형 검증환경

1. ERP 프로젝트 평가 연구모형

본 연구의 목적은 ERP 프로젝트 평가모형을 이용하여 프로젝트 구축과정에서 고객사와 컨설팅사가 수행한 작업결과를 상호 평가함으로써 상호간의 평가차이를 분석하고, 고객과 컨설팅사 각각이 수행한 작업결과가 어느 단계에서 무슨 차이가 발생하는지 검증하고자 한다.

본 연구에서는 ERP 프로젝트 단계별 평가모형 개발과 이를 검정하기 위해 다음과 같은 [그림 4-1] ERP 프로젝트 평가 연구모형을 제시한다.

[그림 4-1] 고객사와 컨설팅사 평가 연구모형

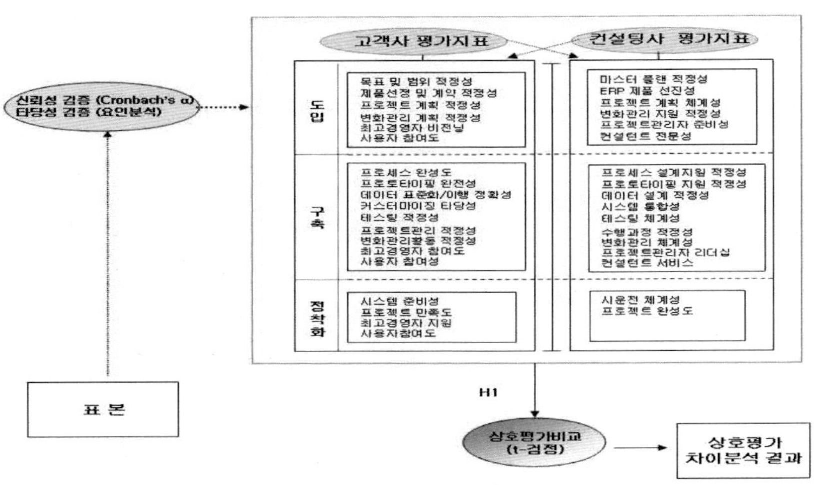

상기 연구모형을 토대로 ERP 프로젝트 단계별 평가모형에 따라 고객사와 컨설팅사의 상호 비교를 통해 평가기준 및 서로 간의 관점차이를 줄일 수 있는 세부적인 개선안을 제시하기 위한 연구의 가설설정은 다음과 같다.

2. ERP 프로젝트 평가 연구모형의 가설 설정

ERP 프로젝트에서 고객사와 컨설팅사 간의 상호평가 차이는 서비스 분야에서 제시되고 있는 기대와 성과 간의 차이이론에서 근원을 찾을 수 있다. 이는 정보시스템 개발과정에서 사용자와 개발자 간의 상호인식차이 연구에서도 유사한 상황을 발견할 수 있다.

먼저 기대와 성과 간의 차이이론 관점에서 고객만족이란 상품 또는 서비스에 대한 사용 전 기대와 사용 후 느끼는 성과 간의 지각된 불일치에 대한 평가로써 고객의 심리적인 결과물을 파악하는 측면과 지각적 평가과정으로 구분한다(Youjae, 1990). Oliver(1980)는 제품의 서비스가 기대보다 좋으냐 또는 나쁘냐 정도에 따라 긍정적 불일치, 기대 일치, 부정적 불일치를 구분하고 긍정적 불일치가 발생할 경우 만족의 정도가 높다고 하였다. 또한 Anderson 과 Sullivan(1993)은 부정적인 불일치가 긍정적 불일치의 경우보다 만족과 재구매 의도에 더 큰 영향을 미친다고 하였다.

이에 ERP 프로젝트는 컨설팅 서비스와 고객 간의 인지적 차원의 상호작용 결과로서 고객의 기대, 평가 그리고 이용행위의 상호 상관관계로서 나타난다. 이러한 관점에서 볼 때, 고객과 컨설팅사의 각자가 수행한 작업결과에 대한 인식에는 상호간의 기대와 성과 간에 불일치가 발생할 수 있다. 즉 컨설팅 서비스에 대한 고객의 기대에 불일치가 발생할 수 있으며 고객의 역할에 대한 컨설턴트의 기대에 불일치가 발생할 수 있다는 것이다.

한편, ERP 프로젝트는 고객과 컨설턴트가 서로 유기적인 관계 속에서 원활한 의사소통을 주고받을 때 성공적으로 이루어진다(김광훈, 1999). 그러나 고객과 컨설팅사가 각각 기대하는 것과 실제 현실 간에는 차이가 발생하고, 그로 인해 유발되는 상호 불신과 비협조적인 태도는 소기의 성과를 달성하기 어렵게 만든다(Leitheiser & Frouad, 1993, 오라클 매거진, 2005).

이와 유사한 현상은 정보시스템 개발과정에서도 찾아볼 수 있다. 김유영(2003)은 사용자와 개발자의 지각차이로 인해 개인 간 갈등을 유발시켜 구축과정을 어렵게 한다고 하였다. 이러한 원인은 기대와 현실 간의 차이가 갈등으로 나타났기 때문이며 그 결과, 양자 간의 의사소통을 힘들게 함으로써 원하는 성과를 얻기 어렵다고 하였다.

이러한 현상은 ERP 시스템 구축 전 과정에서 나타날 수 있으며 문제발생의 근본적인 원인은 심리학적 측면에서 상호 기대하는 바가 다르기 때문에 상대방에 대해 부정적으로 지각한다고 볼 수 있다. 즉 ERP 프로젝트 상호평가에서도 실행과정에서 고객과 컨설턴트 상호간의 견해차이로 인해 시스템구축과정 그리고 시스템 완성 이후 만족도에서 상반된 의견차이를 보이고 있다는 것이다. 이는 고객과 컨설팅사 상호간의 기대수준에 있어서 불일치가 존재한다는 것을 알 수 있다.

상기 논거들을 종합할 때, ERP 프로젝트에서도 고객과 컨설팅사 간의 인식 차이가 발생될 수 있다는 전제하에 각 단계별로 상호 바라보는 시각 차이를 다음과 같은 가설을 통해 비교 분석하고자 한다.

가설 1. ERP 구축단계별로 측정된 고객사와 컨설팅사 간의 평가점수는 차이가 있을 것이다.

　가설 1.1 도입단계의 고객사와 컨설팅사 간의 평가점수에는 차이가 존재할 것이다.

　가설 1.2 구축단계의 고객사와 컨설팅사 간의 평가점수에는 차이가 존재할 것이다.

　가설 1.3 정착화단계의 고객사와 컨설팅사 간의 평가점수에는 차이가 존재할 것이다.

제 2 절 ERP 프로젝트 평가모형 변수 및 측정

1. 고객사와 컨설팅사의 변수 개념정의

본 연구에서는 선행연구에서 제시된 ERP 프로젝트의 성공요인과 활동에 기초하여 본 연구에 맞도록 보완과 수정을 거쳐 평가와 관련된 세부측정항목을 선정하였다(Zhang, 2005, Tchokogue et al., 2005, Somers & Nelson, 2004, Rajagopal, 2002, Parr & Shanks, 2000, Markus & Tanis, 2000, 한상철과 이길형, 2003, 최광돈, 2000, 신예돈과 김성수, 1999). 선행연구 지표를 통해 각 단계별 측정항목 내용들을 구체적으로 살펴보면 다음과 같다.

먼저, 도입단계의 고객사 평가항목은 8 개 요인으로 24 개 변수와 컨설팅사 평가항목은 8 개 요인의 21 개 변수로 정의한다. 구축단계의 고객사 평가항목은 7 개 요인으로 36 개 변수와 컨설팅사의 평가항목은 9 개 요인으로 41 개 변수로 정의한다. 마지막으로 정착화단계의 고객사 평가항목은 4 개 요인으로 12 개 변수와 컨설팅사 평가항목은 2 개 요인으로 6 개 변수로 설정된다. 각 단계별 각각의 요인과 변수들을 살펴보면 다음과 같다.

(1) 도입단계의 고객사와 컨설팅사 변수의 개념적 정의

ERP 프로젝트 도입단계는 변화하는 기업환경에 적절히 대응하기 위해 경영전략 및 경영환경 분석, 마스터 플랜 수립을 하며 ERP 프로젝트 추진을 위한 구체적인 상세 계획을 수립하는 단계이다.

도입단계에서 선정된 고객사와 컨설팅사의 공통된 평가항목은 마스터 플랜 수립, ERP 패키지선정 및 계약, 프로젝트 계획수립, 변화관리이며, 고객사에 관련된 특정 평가항목은 최고경영자지원과 관심, 현업참여 등의 내용이 추가된 총 6 개 평가항목으로 구성된다. 한편 컨설팅사와 관련한 특정 평가항목은 프로젝트 관리자 자질, 컨설턴트 자질 등이 추가된 총 6 개 평가항목으로 정의한다.

　도입단계에서 도출된 고객사의 평가항목별 세부측정항목은 다음과 같다.

　마스터 플랜 항목은 To-Be 비전과 성공요소정의, 구축범위 및 목표설정, 과제중심의 오너선정, 과제중심의 KPI(Key Performance Indicator)설정, ERP 구축계획 최고경영자에게 승인 등 5 개 세부측정항목으로 구성되며 고객사의 ERP 제품선정 및 계약 평가의 세부측정항목으로는 평가항목과 평가요소 정의유무, 평가절차에 따른 ERP 제품 선정, ERP 제품 사전분석 후 선정 등 3 개 항목으로 구성된다. 고객사의 ERP 프로젝트 계획수립 평가항목에는 현업 전문가 참여, 실행위원회(steering committee) 구성, 고객사의 역할분담 이해, 합리적인 프로젝트 계획 및 관리절차 수립, 회사 특성을 고려한 ERP 방법론 선정 및 이해, 프로젝트 계획서 공유 등 6 개의 세부측정항목이 선정되고 변화관리 평가항목은 성과관리를 위한 보상체계가 수립, 변화의 필요성에 대해 조직 구성원들에게 지속적인 홍보활동, ERP 모듈 교육 및 기능 숙지, 조직 구성원별 변화관리 계획 및 이해 등 총 4 개 세부측정항목으로 구성된다. 그리고 최고경영자관심과 지원 평가항목에는 적절한 예산, 자원 및 인력 지원, 주기적인 임직원 참여 유도, 지속적인 관심과 지원 등의 4 개 세부측정항목이 구성된다. 사용자 참여 평가항목에는 프로세스 오너 선정, 지속적인 최고경영자 참여와 지원, 변화의 당위성 이해, 변화활동에 적극적인 참여 등의 3 개 세부측정항목이 선정된다.

　컨설팅사의 평가항목별 세부측정항목은 다음과 같다. 마스터 플랜 평가항목에는 기업 내·외부 환경분석을 위한 인터뷰 및 설문조사 실시, ERP 구축전략 수립 및 방법론 가이드, 비전과 연계된 중장기 정보기술 계획수립 가이드 등 3 개 세부측정항목이 선정되고, ERP 제품선정 및 계약 평가항목의 세부측정항목에는 고객사의 위험분석과 성공요인에 대한 이해, 참여사의 명확한 역할과 그에 따른 책임소재 등의 세부측정항목이 정의된다. 프로젝트 계획수립 평가항목의 세부측정항목에는 우수컨설턴트, 현업전문가로 전담 팀 구성, 고객사와 컨설팅사 역할 분담, 프로젝트 관리방안 수립 및 TFT 와 공유, 기업특성에 맞는 ERP 구축방법론 제시, 단계별 작업절차 및 산출물템플릿을 고객 PM 과 협의, TFT 와 공유, 충분한 ERP 구축방법론 교육실시 등 6 개 세부측정항목이, 컨설팅사에서 준비하는 도입단계 변화관리활동 평가항목에는 경영층의 변화유도 및 변화관리 활동지원, 기업 특성에 적합한 변화관리 계획수립 및 고객과 리뷰 및 확정, ERP 모듈교육 실시 등 3 개의 세부측정항목으로 구성된다. 컨설팅사의 프로젝트 관리자의 자질 평가항목의 세부측정항목에는 충분한 ERP 제품 및 구축방법 이해, 참여사와 고객사 간의 원활한 의사소통 능력 보유, 경영층의 협조와 이해관계자 조정능력 등 3 개의 세부측정항목이, 컨설턴트 자질 평가항목에는 산업분야에 충분한 전문지식 보유, 풍부한 ERP 구축경험, 컨설팅 서비스 마인드 보유 등 3 개의 세부측정항목이 도출된다. 따라서 도입단계 고객사의 측정문항은 24 개이며 컨설팅사의 측정문항은 21 개로 구성되었다.

(2) 구축단계의 고객사와 컨설팅사 변수의 개념적 정의

ERP 프로젝트 구축단계는 업무프로세스를 재설계하고 프로세스 시나리오를 작성하며 TO-BE 프로세스와 고객의 요구사항을 ERP 시스템에 적용하여 완성하는 단계이다. 따라서 조직, 시스템, 프로세스, 데이터 영역에서 ERP 시스템 완성도를 높이기 위한 작업들이 다양하게 진행된다.

먼저, 고객사의 평가항목에 따른 세부측정항목으로 To-Be 프로세스 설계 항목에서는 As-Is 프로세스 분석 및 요구사항 정의, 선진사례 To-Be 설계에 적용, 프로세스 설계절차에 따른 To-Be 프로세스 정의, 작성된 To-Be 프로세스 현업검증 및 공감대 형성, 확정된 To-Be 프로세스 업무절차와 기준 정의 등 5 개 세부측정항목이 도출되고, 프로토타이핑 활용 평가항목에서는 소프트웨어 구성(configuration) 항목 숙지 및 업무기준설정, GAP 분석 및 해결안 도출, 반복적인 프로토타이핑을 통한 To-Be 프로세스 및 요구사항 검증, To-Be 프로세스 현업리뷰 및 프로세스 오너 승인 등 4 개 세부측정항목이, 마스터 데이터 표준화 및 데이터 변환(이행)준비 수행 평가항목의 세부측정항목은 마스터 데이터 항목설계 및 신 코드 기준 정의, 마스터 데이터 관리방안 수립, 적시에 마스터 데이터 정비 수행, 데이터 이행전략 수립, 이행데이터 검증 등의 4 개의 세부측정항목이 도출된다. 적정 개발 평가항목에서는 추가개발과 커스터마이징에 대해 철저한 통제와 일정관리여부, 개발 표준에 따른 설계서를 작성 및 준수, 기존시스템과 ERP 시스템 간의 통합적인 설계 및 구현, 체계적인 기술전수 등 4 개의 세부측정항목이, 품질 테스팅 평가항목에서는 합리적인 통합테스트 계획 및 준비, 고객 주도하에 반복적인 통합테스트 수행, SQL 튜닝 및 성능테스트 실시, 테스트 결과서 작성 및 승인, 이행데이터 무결성 확보, 테스트 과정의 이슈해결에 적극적 참여 등 6 개 세부측정항목이, 프로젝트 관리 평가항목에는, 추진력과 리더십을 겸비한 프로젝트 관리 수행, 효과적인 프로젝트 관리 수행, 프로젝트 진행사항 TFT 와 수시 정보공유 등 3 개의 세부측정항목이, 구축단계 변화관리 활동 평가항목에는 매체와 교육을 통한 주기적인 변화관리활동 수행, 변화관리 활동 평가 및 결과 피드백, EPR 시스템과 To-Be 프로세스에 대한 충분한 교육실시 등 3 개의 세부측정항목이, 최고경영자의 적극적인 지원과 관심에서는 주요 이슈에 대한 의사결정에 참여, 지속적인 현업참여와 독려, 프로젝트 총체적인 책임과 지원 등 3 개 세부측정항목이, 사용자 참여 평가항목에서는 TFT 헌신과 적극적인 참여, 현업의 적극적인 지원과 참여, 부문 간 협업과 효과적인 의사소통 등의 3 개의 세부측정항목이 도출된다.

컨설팅사 평가항목은 총 9 개의 평가항목으로 구성되었다. To-Be 설계 항목에서는 As-Is 프로세스와 시스템 그리고 조직구조 분석에 따른 개선사항 가이드, 요구사항을 반영할 수 있는 To-Be 설계 가이드, 선진사례 제공 등의 3 개 세부측정항목과 프로토타이핑 활용 평가항목에서는 반복적인 프로토타이핑 지원, configuration 정의와 지식전수, 기업전략과 목표에 맞는 적절한 문제해결안제시 등 3 개 세부측정항목이 선정되었고 마스터 데이터 표준화 및 데이터 변환준비 수행 평가항목에서는 마스터 데이터 정의와 그에 따른 기준 수립에 필요한 가이드, 마스터 데이터 표준화 방안 가이드, 마스터 데이터 관리방안 가이드, 이행전략 가이드 및 이행준비 지원 등 4 개 세부측정항목이 도출되었다. 컨설팅사 적정 개발 지원 평가항목에서는 커스터마이징을 최소화할 수 있는 전략 제시, 추가개발에 따른 설계서 작성, 기술 전수 가이드, 레가시 시스템과 ERP 시스템 간의 통합 방안 가이 등 4 개 세부측정항목이, 품질 테스팅지원 평가항목에서는 고객사 환경에 적합한 테스트 전략과 계획수립, 테스트 시나리오 작성 가이드 및 데스트 준비 지원, 통합테스트 지원 및 결과리뷰, 주요이슈에 대한 해결안 가이드 등 4 개의 세부측정항목이, 프로젝트 관리 평가항목에서는 단계별 작업방법에 대한 체계적인 가이드, 예산, 자원 및 작업계획의 적절한 통제, 체계적인 이슈 및 위험관리, 단계별 산출물 및 작업수행결과 리뷰와 개선 활동 수행, 적절한 대회활동 수행 등 5 개 세부측정항목이 도출된다. 구축단계 컨설팅사 변화관리 활동 평가항목에서는 조직구성원들의 변화유도, 그에 따른 충분한 교육지원, 변화관리 활동 진단 및 평가를 위한 가이드, ERP 에 대한 마인드 교육실시, 사용자 교육교재 개발 가이드 등 3 개 세부측정항목이, 프로젝트 관리자 자질 평가항목에는 프로젝트 통합관리자로서 자질보유, 체계적인 프로젝트 계획수립, 실행, 통제 및 개선관리 수행, 갈등, 중재, 조정, 합의 등을 도출할 수 있는 자질보유, 경영진과 참여사 간의 원활한 의사소통 등의 4 개 세부측정항목이 선정되고 컨설턴트 자질 평가항목에는 전문지식 전수, 문제핵심 이해 및 해결안 제시, 기업목표달성을 위한 혁신과 창의적 사고 유도, TFT 와 상호간의 신뢰분위기 조성 등 4 개 세부측정항목이 선정된다.

그 결과, 구축단계의 고객사 측정항목은 36 개이며 컨설팅사 측정항목은 41 개이다.

(3) 정착화단계의 고객사와 컨설팅사 변수의 개념적 정의

정착화단계는 조직 내 안정적인 운영단계로서 ERP 시스템 오픈 전 운영을 위한 체계적인 준비와 운영절차를 수립하고, 새로운 프로세스를 정착시키는데 역점을 둔다. 이를 위해 ERP 시스템으로부터 발생된 문제점을 해결하고 조직구조와 업무 프로세스 변화에 대처할 수 있도록 사용자를 대상으로 교육과 훈련을 지속적으로 실시한다. 먼저, 고객사의 평가항목별 세부측정항목은 다음과 같다.

시스템 개통(cut-over) 준비 평가항목에서는 운영조직 체계 수립 및 운영절차 수립, 헬프데스크 준비 및 운영규정과 이슈대응체제 구축, 운영을 위한 사용자, 전산담당자 충분한 교육실시 등의 3개 세부측정항목과, 프로젝트 평가와 종료 평가항목에서는 종합평가 실시, 목표대비 실적분석, 지속적인 시스템 오류수정 및 업무개선 활동, 경영층에 종료보고 및 프로젝트결과에 대한 인증활동 등의 4개 세부측정항목이 도출되었다. 마지막 단계의 최고경영자지원과 관심 평가항목에서는 ERP 시스템 활용과 연계된 조직원의 보상, To-Bo 프로세스 정착화와 초기 설정한 주요과제(KPI: key performance indicator) 달성을 위한 조직원 독려 등 2개의 세부측정항목이, 현업사용자 참여 평가항목에서는 충분한 ERP 시스템 사용법 숙지, 지속적인 업무개선 참여, 반복적인 사용자 교육 및 참여 등 3개의 세부측정항목이 도출된다.

한편 컨설팅사의 세부측정항목으로 시스템 개통(cut-over) 준비 평가항목에서는 시스템 개통(cut-over) 전략수립 및 프로젝트팀(TFT)과 참여사들에게 시스템 개통(cut-over) 준비를 위한 충분한 가이드, 고객사 특성과 환경에 맞는 헬프데스크 운영체계 가이드, 실 운영에 대비한 사용자 교육의 지속적인 지원 및 기술전수 수행 등 3개 세부측정항목이, 프로젝트 평가와 종료 항목에서는 프로젝트 목표달성 여부 및 시스템 완성여부를 체계적으로 평가, 프로젝트 종료보고 및 사후지원, 안정화 기간 동안 이슈 모니터링 및 적절한 해결안 지원 등 3개의 세부측정항목이 선정된다.

따라서 정착화단계의 고객사 측정항목은 12개이며 컨설팅사 측정항목은 6개로 정의한다.

2. 고객사와 컨설팅사의 설문지 구성

본 연구에서는 설문지를 3 개로 분류, 작성하여 배부하였다. 첫째, ERP 프로젝트 단계별 평가항목 도출을 위한 설문지-1, 둘째, AHP 기법을 활용한 고객사와 컨설팅사 ERP 구축단계별 평가항목의 상대적 중요도분석을 위한 설문지-2, 셋째, 고객사와 컨설팅사의 ERP 구축단계별 평가차이를 측정하기 위한 설문지-3 등의 3 가지 설문지가 사용되었다. 평가 연구모형의 가설검증을 위해서는 설문지-2 의 가중치 결과를 적용하여 설문지-3 이 사용되었다.

설문지-3 은 고객사와 컨설팅사 간 상호인식차이를 비교하기 위한 설문지로서 응답유형을 보면 1) 고객사_컨설팅사 평가, 2) 컨설팅사_고객 평가 등 크게 2 가지로 구분된다. '고객사_컨설팅사 평가'의 의미는 고객사가 컨설팅사의 작업수행결과를 평가하는 것이며 '컨설팅사_고객 평가' 의미는 컨설팅사가 고객사의 작업수행결과를 평가함을 말한다.

[표 4-1]과 [표 4-2]는 설문지-3 으로써 고객사와 컨설팅사 각각을 평가할 수 있는 설문지이다. 이는 도입, 구축, 정착화단계로 분류되어 평가항목과 세부항목 전체모습을 제시하고 있다.

[표 4-1] 고객사 설문지 구성

분류	구분	측정항목	측정내용	문항번호
고객사	도입단계	마스터 플랜 수립	To-Be 비전과 성공요소정의 구축범위 및 목표설정 과제중심의 오너선정 과제중심의 KPI 설정 ERP 구축계획 최고경영자에게 승인	I 1)-1~1)-5
		ERP 제품 및 컨설팅사 선정	평가항목과 평가요소 정의 평가절차에 의한 ERP 선정, ERP 제품 사전분석 후 선정	I 2)-1~2)-3

분류	구분	측정항목	측정내용	문항번호
	도 입 단 계	프로젝트 계획수립	현업 전문가 참여 Steering committee 구성 고객사의 역할분담 이해 합리적인 계획/관리절차 수립, ERP 방법론 선정 및 이해 프로젝트 계획서 조직원 공유	I 3)-1~3)-7
		변화관리	성과관리 보상체계 수립, 변화의 필요성 홍보활동, ERP 모듈 교육 및 기능 숙지, 조직구성원별 변화관리 계획.	I 4)-1~4)-4
		최고경영자 지원과 관심	적절한 예산과 자원 및 인력의 지원 변화의 수용을 위해 임직원 참여유도 최고경영자 지속적인 관심과 지원	I 5)-1~5)-3
		사용자 참여	프로세스 오너 선정 참여와 지원 변화의 당위성 이해 적극적 참여	I 6)-1~6)-2
	구 축 단 계	To-Be 프로세스 설계	As-Is 프로세스 분석 및 요구사항 정의 선진사례 To-Be 설계에 적용 설계기준의 To-Be 프로세스 정의, 작성된 프로세스 현업검증/공감대 형성, To-Be 프로세스 업무절차와 기준 정의	II 1)-1~1)-5
		프로토타이핑 활용	configuration 항목 숙지 및 기준설정 ERP 기능 GAP 분석 및 해결안 도출 반복적인 프로토타이핑 요구사항 검증 TO-BE 프로세스 프로세스 오너 승인	II 2)-1 ~2)-4
		마스터 데이터 표준화 및 이행 정확성	마스터 데이터 설계 신 코드 기준 정의 마스터 데이터 관리방안 수립 적시에 마스터 데이터 정비 수행 데이터 이행전략 수립, 이행데이터 검증	II 3)-1~3)-5
		적정 개발	추가개발 및 커스터마이징 통제와 관리 개발 표준에 따른 설계서 작성 및 준수 기존시스템과 ERP 간의 통합 설계 ERP 시스템의 체계적인 기술전수	II 4)-1~4)-4

분류	구분	측정항목	측정내용	문항번호
고객사	구축 단계	품질 테스팅 (통합, 성능, 운영테스트)	합리적인 통합테스트 계획 및 준비 고객 중심의 반복적인 통합테스트 수행 SQL 튜닝 및 성능테스트 실시 테스트 결과서 작성 및 승인 이행데이터 무결성 확보 테스트 과정의 이슈해결에 적극적 참여	II 5)-1~5)-6
		프로젝트 관리	추진력과 리더십이 담긴 프로젝트 관리 초기 준비한 프로젝트 관리방안 준수 프로젝트 진행사항에 대한 정보공유	II 6)-1~6)-3
		변화관리 활동	매체와 교육에 의한 주기적인 변화관리활동 변화관리활동 결과평가/피드백, 현업사용자에게 충분한 교육진행	II 7)-1~7)-3
		최고경영자 관심과 지원	총체적인 지원과 관심 주요이슈 의사결정 참여 현업 변화 독려	II 8)-1~8)-3
		사용자참여	TFT 와 현업 헌신적 참여 부문 간의 협업 변화관리 활동 참여	II 9)-1~9)-3
	정착화 단계	시스템 개통 준비	운영조직 체계 및 운영절차 수립 운영준비 및 운영규정과 이슈대응체제 사용자, 전산담당자 충분한 교육실시	III 1)-1~1)-3
		프로젝트 평가와 종료	프로젝트 종합평가 실시 목표대비 실적분석 시스템 오류수정 및 업무개선 활동, 경영층 종료보고, 프로젝트결과 인증활동	III 2)-1~2)-4
		최고경영자 지원과 관심	ERP 시스템 활용과 연계된 조직원 보상 TO-BE 프로세스정착화와 KPI(목표)달성을 위한 조직원 독려	III 3)-1~3)-2
		사용자 참여	ERP 시스템 사용법 숙지 지속적인 업무개선 참여 ERP 시스템 반복 교육참여	III 4)-1~4)-3

[표 4-2] 컨설팅사 설문지 구성

분류	구분	측정항목	측정내용	문항번호
컨설팅사	도입단계	마스터 플랜 수립	기업 내·외부 환경분석 및 인터뷰/설문조사 목표에 맞는 ERP 구축전략, 절차수립 비전과 전략이 연계된 중·장기 정보화 계획컨설팅	I 1)-1~1)-3
		ERP 제품 및 컨설팅사 선정	고객사의 위험분석, 성공요인 제시 참여사 간 책임소재 명시 및 공유	I 2)-1~2)-2
		프로젝트 계획수립	우수한 컨설턴트 투입 고객사, 컨설팅사, 참여사 명확한 역할분담 효율적인 프로젝트 관리 방안수립, 공유 기업 특성에 맞는 ERP 방법론 제시 단계별 작업절차, 산출물 템플릿 리뷰 ERP 방법론 교육	I 3)-1~3)-6
		변화관리	경영층의 변화 유도, 변화관리활동 지원 고객사 특성에 맞는 변화관리 계획수립, 고객과 리뷰활동 충분한 ERP 교육 실시	I 4)-1~4)-3
		프로젝트 관리자 자질	ERP 제품의 지식, 구축방법 명확한 이해 풍부한 ERP 컨설팅 경험을 갖춘 PM 투입 TFT 와 컨설팅사 간 원활한 의사소통 능력 경영층의 협조의뢰/이해관계자 조정능력	I 5)-1~5)-4
		컨설턴트 자질	산업분야에 충분한 전문지식 보유 풍부한 ERP 컨설팅 경험을 갖춘 PM 투입 컨설팅 서비스 마인드 보유	I 6)-1~6)-3
	구축단계	To-Be 프로세스 설계	As-Is 프로세스/시스템/조직구조분석 및 개선가이드 고객요구사항 반영된 To-Be 설계 가이드 선진사례 제공	II 1)-1~1)-3
		프로토타이핑 활용	configuration 정의, 그에 따른 지식전수 반복적인 프로토타이핑 수행 및 지원 GAP 분석 및 GAP 에 대한 해결안 제시	II 2)-1~2)-3
		마스터 데이터 표준화 및 데이터변환 정확성	마스터 데이터 정의와 기준수립 가이드 마스터 데이터 표준화 방안 가이드 마스터 데이터 관리방안 가이드 이행전략 가이드 및 이행준비 지원	II 3)-1~3)-4

분류	구분	측정항목	측정내용	문항번호
		적정 개발	커스터마이징 최소화 방안 가이드 인터페이스정의/인터페이스 방안 가이드 추가개발 설계서 작성 및 기술사항 가이드 ERP 시스템 기술전수 기존시스템과 ERP 간의 통합방안 가이드	II 4)-1~4)-5
		품질 테스팅	고객사 환경에 적합한 테스트 전략수립 테스트 시나리오 작성 가이드/테스트준비 통합테스트 지원 및 결과리뷰 테스트상의 주요이슈 해결안 제시	II 5)-1~5)-4
	구 축 단 계	프로젝트 관리	단계별 체계적인 작업방법 가이드 예산, 자원, 작업계획 통제 및 관리 위험과 이슈공유 및 체계적 관리 단계별 산출물, 작업결과 리뷰/개선활동 To-Be 변화에 대한 대외활동 수행	II 6)-1~6)-5
		변화관리	조직구성원들 변화유도, 충분한 교육지원 변화관리 활동진단, 평가활동 가이드 ERP 마인드 교육, 교재개발 가이드	II 7)-1~7)-3
		프로젝트 관리자 자질	통합 프로젝트 관리자 역량 보유 프로젝트 계획, 실행, 모니터링, 개선관리 갈증중재, 조정, 합의 도출 경영진과 참여사 간의 원활한 의사소통	II 8)-1~8)-4
		컨설턴트 자질	전문지식 전수 문제핵심 파악 및 충분한 대인, 방향 제시 기업전략과 목표달성을 위한 혁신성 유도 TFT 와 상호간의 신뢰, 협업 조정	II 9)-1~9)-4
	정 착 화 단 계	시스템 개통 준비	시스템 개통(cut-over) 전략수립 및 공유 운영조직체계 운영방법 가이드 사용자 지속적인 교육 및 기술전수	III 1)-1~1)-3
		프로젝트 평가와 종료	목표달성, 시스템 완성여부 체계적 평가 종료보고 및 사후지원 제시 안정화 이슈 모니터링/해결안 가이드	III 1)-1~1)-3

3. 고객사와 컨설팅사의 상호인식차이 평가방법

본 연구에서는 상호인식차이분석을 위해 단순한 평점비교가 아닌 AHP 분석에서 도출된 가중치를 적용한다. 즉 해당 가중치를 적용하여 고객사와 컨설팅사 단계별, 평가항목별 평점를 계산하고 상호간 평가차이를 비교한다. 가중치를 적용한 이유는 일반적으로 1:1 식의 평점차이 비교에서는 상호간의 갭의 흐름과 인식차이를 보다 정교하게 분석할 수 없기 때문이다. 따라서 상호인식차이비교는 상호평가한 척도점수에 단계별, 평가항목별 가중치를 적용하여 비교한다.

일반적으로 ERP 프로젝트 단계별 평가는 프로젝트의 구축단계마다 작업결과를 측정하는 것이므로 로컬 가중치를 적용하여 계산한다. 이러한 접근방법은 단계 종료시점에 상호평가를 통해 문제점을 정확히 인식하고 이를 개선한 이후 다음단계로 진입하는 데 있다.

그러나 단계별 상호인식차이비교는 프로젝트 단계별 가중치를 적용하고 평점차이를 분석한다. 그 이유는 프로젝트 완료무렵 또는 완성된 이후에 설문응답을 받았으며 프로젝트 레벨에서 단계별 상호인식차이를 비교할 경우, 단계 간 상호 인식에 따른 차이점을 의미 있게 조명할 수 있기 때문이다. 따라서 평가항목별 상호인식차이비교에서는 단계수준 기준으로 평가항목별 로컬 가중치를 적용하여 평가항목 간 평점차이를 비교 분석한다. 이와 같은 접근방법은 프로젝트 단계수준에서 평가항목 간의 차이를 더 의미 있게 조명할 수 있다.

구체적으로 컨설팅사와 고객사를 평가하기 위한 단계별, 평가항목별 t-검정을 위한 Mean 계산방식은 다음과 같다.

첫째, 단계별 상호인식차이비교를 위한 **Mean** 계산방법은 단계별 평가항목 점수를 누적하여 단계의 평균을 계산한 후, 단계별 가중치를 곱하여 산출한다.

둘째, 단계별 평가항목 간의 상호인식차이를 위한 **Mean** 계산방법은 단계별 평가항목의 세부항목을 합산한 평균(평가항목별 평균점수)을 계산한 후, 각각 평가항목에 로컬 가중치를 곱하여 산출한다. 이렇게 산출된 평가항목별 인식차이는 단계별 상호인식차이의 원인을 발견할 수 있게 해준다.

이러한 과정에서 산출된 값은 상호인식차이를 분석할 수 있는 t-검정의 기초 데이터가 된다.

제3절 자료수집 및 자료분석 방법

1. 표본추출 방법

본 연구에서는 평가 연구모형의 가설을 검증하기 위해 ERP²E 평가모형을 적용하여 ERP 프로젝트 추진기업과 완료기업을 대상으로 실증분석을 실시하였다. 이를 위해 2005 년도 현재 ERP 프로젝트를 추진 중이거나 3 년 이내 ERP 시스템을 구축 완료한 국내기업을 대상으로 표본을 선정하였다.

설문지 발송 전, ERP 프로젝트를 구축한 기업의 프로젝트 관리자와 전문컨설턴트를 통해 예비설문조사를 실시하여 일부 문구를 수정·보완한 이후, 국내 ERP 컨설팅사로부터 현재 ERP 시스템을 구축하고 있는 기업과 구축 완료된 기업의 명단을 입수하였다. 업체선정에서는 기업규모, 다양한 산업, BPR 수행 유·무, 국산 ERP 사용 또는 외산 ERP 사용 등의 여러 가지 변수를 고려하였다. 모집단은 총 50 개 기업으로 구성되었다. 그리고 이들 기업에게 설문지를 발송한 이후 전화와 E-Mail 를 통해 설문에 응해줄 것을 요청하였다.

설문은 주로 ERP 프로젝트에 참여했던 핵심요원을 대상으로 고객사와 컨설팅사 양측에서 대표 한 사람을 선정하여 응답하도록 하였다. 설문응답자는 고객사의 경우, 프로젝트 관리자를 포함한 프로젝트에 참여하는 요원이, 컨설팅사의 경우, 해당 프로젝트에 참여한 프로젝트 관리자 또는 모듈 컨설턴트였다.

설문지 회수기간은 2006 년 1 월 10 일부터 1 월 25 일까지 15 일간이었다. 설문지 회수율은 50 개 기업 중 42 개 업체로써 92%이었으며(92/100), 사용 가능한 응답률은 89% (82/92)로 나타났다. 이러한 응답률은 일반적인 우편조사의 평균응답률보다 20~30%를 훨씬 넘었다.

따라서 본 연구에 사용된 표본은 컨설팅사에 의한 고객사 평가용 40 부 설문지와 고객사에 의한 컨설팅사 42 부 설문지인 총 82 부가 선정되어 분석되었다.

2. 자료분석 방법

본 연구에서는 크게 3 가지 주요분석방법을 사용한다. 첫째, 기업의 일반적 특성, 기초적인 분석을 위해 빈도분석 및 기술통계분석(평균, 표준편차)을 실시하고, 둘째, 평가모형 검증차원에서 설문항목의 신뢰도를 알아보기 위하여 내적 일관성의 신뢰도와 요인분석을 통한 타당성 분석을 하였으며 셋째, 논문의 가설검증을 위해서 주로 ERP 구축단계별, 평가항목별 고객사와 컨설팅사의 평가차이분석을 위하여 t-검정을 사용한다. 더불어 본 분석에서는 고객사와 컨설팅사의 평점계산을 위해 SPSS 12.0 와 MS-Excel 2003 을 사용한다.

제 4 절 ERP 프로젝트 평가모형 적합성 검증

본 연구에서는 평가모형의 적합성 검증차원에서 설문항목으로 구성된 평가항목의 신뢰성과 타당성을 분석한다.

1. 평가항목의 신뢰성 분석

신뢰성이란 어떤 검사나 측정도구가 시간, 검사, 실시방법, 검사형식, 질문항목, 평가자에 관계없이 일관성 있고, 믿을 수 있으며, 안정된 측정결과를 산출해 낼 수 있는 정도를 의미한다. 즉 동일한 개념을 측정하기 위해 여러 개의 항목을 이용하는 경우, 신뢰도를 저해하는 항목을 찾아내서 측정도구에서 제외시킴으로써 측정도구의 신뢰도를 높이는 것이다(고승현, 2001).

본 연구에서는 각 측정항목의 적절성을 측정하기 위하여 다 항목 척도 간의 신뢰성을 평가하는 내적 일관성 분석방법을 실시하였다. 내적 일관성 분석방법에 따르면, 일반적으로 Cronbach's α 값이 0.6 이상일 때, 측정도구의 신뢰성을 확보한 것으로 간주된다.

본 연구에서도 아래 [표 4-3]과 [표 4-4]는 고객사와 컨설팅사의 신뢰성 분석을 한 결과, 고객사와 컨설팅사 모두 Cronbach α값이 0.6 이상으로 나타났다.

[표 4-3] 고객사 설문 문항의 신뢰성 분석

단계	Cronbach	항 목 별	항목수	Cronbach
도입	0.828	고객사의 마스터 플랜 수립 평가	5	0.888
	0.828	고객사의 ERP 제품선정 및 계약 평가	3	0.877
	0.828	고객사의 ERP 프로젝트 계획수립 및 평가	7	0.909
	0.828	고객사의 도입단계의 변화관리 활동 평가	4	0.688
	0.828	최고경영자 관심 및 지원에 대한 평가	3	0.872
	0.828	도입단계의 사용자 참여	2	0.825
		도입 단계 세부항목 합계	24	
구축	0.933	고객사의 TO-BE 프로세스 설계 평가	5	0.860
	0.933	고객사의 프로토타이핑 수행 평가	4	0.850
	0.933	고객사의 마스터 데이터 표준화 및 데이터 변환 준비 수행 평가	5	0.725
	0.933	고객사의 커스터마이징과 추가개발	4	0.821
	0.933	고객사의 테스트 수행 평가	6	0.880
	0.933	고객사의 프로젝트 관리평가	3	0.840
	0.933	고객사의 변화관리 평가	3	0.838
	0.933	구축단계의 최고경영자 관심과 지원평가	3	0.932
	0.933	고객사의 사용자 참여평가	3	0.89
		구축단계 세부항목 합계	36	
정착화	0.917	운영을 위한 시스템 개통(cut-over) 준비평가	3	0.782
	0.917	고객사의 프로젝트 평가 및 종료 수행 평가	4	0.830
	0.917	정착화단계에서 최고경영자 관심과 지원 평가	2	0.869
	0.917	정착화단계에 사용자 참여	3	0.770
		정착화단계 세부항목 합계	12	

[표 4-4] 컨설팅사 설문 문항의 신뢰성 분석

단계	Cronbach a	컨설팅사	항목수	Cronbach a
도 입	0.955	마스터 플랜 수립 평가	3	0.825
	0.955	ERP 제품선정 및 계약준비에 따른 수행 평가	2	0.752
	0.955	프로젝트 계획수립 평가	6	0.900
	0.955	변화관리 활동 평가	3	0.811
	0.955	프로젝트 관리자(PM)의 자질 평가	3	0.852
	0.955	컨설턴트 자질 평가	4	0.855
		도입 단계 세부항목 합계	21	
구 축	0.968	컨설팅사가 수행한 TO-BE 설계 평가	3	0.754
	0.968	컨설팅사의 프로토타이핑 수행/지원 평가	3	0.809
	0.968	컨설턴트의 마스터 데이터 표준화와 데이터 변환 평가	4	0.855
	0.968	컨설팅사의 개발지원 평가	5	0.824
	0.968	컨설팅사의 테스트 수행/지원 평가	4	0.892
	0.968	컨설팅사의 프로젝트 관리 평가	5	0.895
	0.968	구축단계 컨설팅사의 변화관리활동 평가	3	0.816
	0.968	프로젝트 관리자(PM)의 자질에 대한 평가	4	0.864
	0.968	구축단계의 컨설턴트 자질 평가	4	0.853
		구축단계 세부항목 합계	41	
정착 화	0.806	컨설팅사의 시스템 개통(cut-over) 준비 평가	3	0.699
	0.806	컨설팅사의 프로젝트 평가 및 종료 수행 평가	3	0.739
		정착화단계 세부항목 합계	6	

2. 평가항목의 타당성 분석

본 연구에서는 측정값 자체보다는 측정하고자 하는 속성에 초점을 두는 구성 타당성을 고려하여 분석하였다. 구성 타당성이란 측정도구가 실제로 무엇을 측정하였는지, 또는 추상적인 개념이 실제로 측정도구에 의해서 적절하게 측정되었는지를 검증하는 것이다. 구성 타당성을 평가하기 위해서는 요인분석 (factor analysis)과 다측정방법(multi-trait multi-method matrix)이 사용되는데, 본 연구에서는 요인분석을 통해 평가모형 프레임워크에 대한 인자구성을 검증하였다.

요인의 추출방법으로는 여러 기법 중 정보의 손실을 최소화하면서 수많은 변수들을 가능한 적은 수의 요인으로 줄이는 데 목적이 있는 주성분 분석 (principal component analysis)을 실시하였으며, 요인추출의 기준은 적어도 요인이 변수 1개 이상의 분산을 설명할 수 있는 고유치(eigen value)가 1 보다 큰 것을 기준으로 요인의 수를 결정하였다. 요인의 회전은 항목의 축소와 각 요인을 쉽게 설명하기 위해 요인들 간의 상호독립성을 유지하며 회전하는 방법인 직교회전 방법 중 베리맥스(varimax) 방법을 사용하였다. 또한 본 연구에서 설문지는 고객사와 컨설팅사로 나누어 구성하였으므로 이들을 구분하여 요인분석을 실시하였다.

그 결과 [표 4-5]와 [표 4-6]에서 보는 바와 같이 고객사와 컨설팅사의 설문지의 세부측정 문항 각각은 하나의 속성을 가진 요인으로 분류되어 각 항목을 측정한다. 이들 세부문항의 구성은 타당한 것으로 판단할 수 있다.

[표 4-5] 고객사 설문 문항의 타당성 분석

단계	항목	세부 문항	요인1	공통성 (communality)	고유치 (아이젠값)	분산 비율(%)
도입단계	마스터 플랜	기업 내, 외부 분석 및 벤치마킹수행 TO-BE 비전 및 성공요소가 정의.	.770	.593	3.460	69.19
		명확한 구축 범위 및 목표설정	.898	.807	3.460	69.19
		목표달성을 위한 중점과제 도출, 공유	.874	.765	3.460	69.19
		중점과제 측정지표(KPI) 설정	.821	.674	3.460	69.19
		ERP 구축을 위한 중장기 계획수립 및 최고경영자 승인	.788	.621	3.460	69.19

단계	항목	세부 문항	요인1	공통성 (communality)	고유치 (아이젠값)	분산 비율(%)
도입 단계	ERP 제품 및 컨설팅사 선정	평가항목 및 평가소정의 (공급자평가, 기술평가, 기능평가 가격 및 서비스, 사후관리 평가)	.860	.740	2.410	80.32
		기업상황과 특성을 반영한 평가항목 가중치가 정의 평가절차에 의한 ERP 제품 선정	.921	.849	2.410	80.32
		업무와 기술을 고려한 ERP 시스템 충분히 분석	.906	.821	2.410	80.32
	ERP 프로젝트 계획수립	현업 전문가로 TFT가 구성되었다.	.711	.506	4.592	65.61
		강력한 운영위원회가 구축되고 주요 의사결정이 적시에 이루어졌다.	.805	.648	4.592	65.61
		TFT, 현업, PM, 최고 경영자가 수행할 역할을 명확히 이해	.842	.710	4.592	65.61
		합리적인 일정계획, 자원계획수립	.878	.772	4.592	65.61
		합리적인 프로젝트 관리 절차가 수립되고 TFT와 공유하였다.	.851	.724	4.592	65.61
		회사특성을 고려한 ERP 방법론 선정 단계별 작업절차 충분한 숙지.	.819	.670	4.592	65.61
		ERP 프로젝트 계획서 공유 및 최고 경영층의 승인	.750	.563	4.592	65.61
	도입단계의 변화관리	성과관리를 위한 보상체계가 수립	.340	.115	1.795	44.88
		변화의 필요성 홍보활동 수행 (뉴스레터, 이메일, 포스터, 메시지 배포)	.859	.738	1.795	44.88
		프로젝트 착수 전 ERP 교육 및 충분한 기능숙지	.828	.685	1.795	44.88
		조직원별 변화관리 계획수립 및 공감 대형성	.507	.257	1.795	44.88
	최고경영자 관심과 지원	프로젝트 수행에 필요한 적절한 예산자원 및 인력지원	.841	.707	2.393	79.68
		변화의 당위성 제시와 그에 따른 변화의 수용을 위해 임직원 참여를 주기적으로 유도하였다.	.906	.821	2.393	79.68
		프로젝트 성공을 위해 지속적인 관심과 지원을 하였다.	.929	.863	2.393	79.68

단계	항 목	세부 문항	요인1	공통성 (communality)	고유치 (아이젠값)	분산 비율(%)
	도입단계의 사용자 참여	프로세스 오너(전담관리자)가 선정 되고 지속적인 참여와 지원이 있었다.	.924	.853	1.706	85.29
		변화의 당위성을 충분한 이해 변화활동에 적극적 참여.	.924	.853	1.706	85.29
	TO-BE 프로세스 설계	AS-IS 프로세스 분석 및 요구사항 을 명확히 정의	.788	.622	3.216	64.33
		선진사례 검토 및 TO-BE 프로세스 설계에 선진사례를 적절히 수용	.746	.557	3.216	64.33
		TO-BE 프로세스는 적절한 절차와 방법에 따라 정의	.801	.641	3.216	64.33
		TO-BE 프로세스에 대한 현업검증, 공감대 형성을 충분히 수행	.847	.718	3.216	64.33
구 축 단 계		TO-BE 프로세스에 대한 업무기준 정의의 및 공감대 형성	.824	.679	3.216	64.33
	프로토타이핑 활용	configuration 항목 충분한 숙지 이에 따른 업무 기준을 정의	.823	.678	2.779	69.48
		TO-BE 프로세스와 ERP 패키지와 의 GAP 분석 후 기업환경에 맞는 합리적인 해결안을 도출.	.825	.681	2.779	69.48
		반복적인 프로토타이핑에 의한 TO- BE 프로세스의 요구사항 검증 및 적 절히 문제점 보완	.844	.712	2.779	69.48
		TO-BE 프로세스 현업 교육 및 프 로세스 오너 승인	.842	.709	2.779	69.48
	마스터 데이터 표준화 및 데이터 변환	마스터 데이터 항목설계 및 신 코드 기준정의	.212	.045	2.700	53.99
		마스터 데이터 관리방안을 수립 관련 부문과 관리내용 충분히 공유	.822	.675	2.700	53.99
		마스터 데이터 정비 책임자 선정 및 적시에 정비작업 수행	.818	.668	2.700	53.99
		기업환경 고려한 이행전략수립 및 데이터전환 프로그램 개발계획수립	.811	.658	2.700	53.99
		이행한 데이터를 충분히 검증	.808	.653	2.700	53.99

단계	항목	세부 문항	요인1	공통성 (communality)	고유치 (아이젠값)	분산 비율(%)
구축 단계	적정 개발	커스터마이징에 대한 철저한 통제 개발프로그램 체계적인 일정관리	.806	.650	2.623	65.57
		개발 표준에 따른 설계서 작성 및 개발표준을 준수한 개발수행	.870	.757	2.623	65.57
		기존시스템 간 통합설계 및 구현	.850	.722	2.623	65.57
		개발된 프로그램과 ERP 시스템 운영에 대한 체계적인 기술전수	.703	.494	2.623	65.57
	품질 테스트	합리적인 통합테스트 계획수립 및 실 데이터와 프로그램이 적시준비	.808	.653	3.757	62.61
		다양한 비즈니스 유형이 반영된 테스트 시나리오가 작성. 고객사 중심의 통합테스트 반복수행	.838	.702	3.757	62.61
		적절한 성능테스트 실시 SQL 튜닝이 실시 고객의 요구사항을 적절히 반영여부	.738	.544	3.757	62.61
		고객사 중심의 테스트결과서(통합, 성능테스트)를 작성, 검토 및 최종 책임자 승인	.802	.644	3.757	62.61
		이행(변화) 데이터의 정확성과 무결 성 확보를 위한 철저한 데이터검증	.802	.643	3.757	62.61
		통합, 성능테스트 과정에서 발생한 이슈해결에 적극적인 참여.	.756	.572	3.757	62.61
	프로젝트 관리	추진력과 리더십을 겸비한 프로젝트 관리	.878	.771	2.288	76.28
		프로젝트 관리 방안에 따라 효과적인 프로젝트 관리를 수행(이슈/위험/범 위/일정/변경/산출물/품질관리)	.925	.855	2.288	76.28
		프로젝트 진행사항을 프로젝트 팀 원들과 수시정보공유	.814	.662	2.288	76.28
	변화관리	변화관리 활동은 매체와 교육을 통 해 주기적으로 실시되었다.	.895	.802	2.280	75.98
		변화관리활동 이후 변화수용에 대 한 적절한 평가실시 및 결과가 참여 자에게 피드백되었다.	.919	.844	2.280	75.98
		현업 사용자의 ERP 시스템, TO- BE 변화에 관련한 충분한 교육이 추가적으로 진행되었다.	.796	.634	2.280	75.98

단계	항 목	세부 문항	요인1	공통성 (communality)	고유치 (아이젠값)	분산 비율(%)
구축화 단계	구축단계에 최고경영자 관심과 지원	주요 이슈에 대한 의사결정에 적극적로 참여하였다.	.933	.871	2.645	88.18
		지속적인 현업 참여와 독려를 하였다	.946	.895	2.645	88.18
		ERP 프로젝트에 대해 총체적인 책임과 지원 및 관심을 보여주었다	.938	.879	2.645	88.18
	구축단계에 사용자 참여	TFT 헌신과 현업의 적극적인 참여	.869	.755	2.471	82.35
		프로세스 검증, 마스터 데이터정비, 교육 훈련 등에 현업의 적극적인 지원과 참여	.952	.906	2.471	82.35
		부서 간의 협업과 효과적인 의사소통	.900	.810	2.471	82.35
정착화 단계	운영을 위한 시스템 개통준비	운영조직 체계 및 운영절차 수립 운영에 필요한 주요 산출물이 검증	.804	.647	2.091	69.69
		헬프데스크가 운영체계를 수립 헬프데스크 운영에 필요한 규정과 이슈 대응체제를 구축.	.868	.754	2.091	69.69
		프로젝트 팀원중심의 실사용자 교육실시 및 체계적인 전산운영자 기술교육 실시	.831	.690	2.091	69.69
	프로젝트 평가 및 종료	시스템 가동을 위해 종합평가 실시	.855	.732	2.665	66.63
		예산, 일정, 품질준수에 대한 목표 대비 실적분석	.812	.660	2.665	66.63
		오픈 후 지속적인 시스템 오류수정 및 업무개선 활동	.845	.714	2.665	66.63
		경영층에 종료보고와 프로젝트결과에 대한 인증활동을 수행하였다.	.748	.559	2.665	66.63
	정착화단계에서 최고경영자 관심과 지원 평가	ERP 시스템 활용과 연계된 조직원의 보상을 실시하였다.	.940	.884	1.768	88.40
		TO-BE 프로세스 정착화를 위한 조직원들을 적극적으로 독려	.940	.884	1.768	88.40
	정착화단계에 사용자 참여	ERP 시스템 기능과 사용방법을 충분히 숙지한 후 업무에 사용하였다.	.770	.593	2.066	68.87
		오픈 이후 지속적인 업무개선에 참여하였다.	.832	.693	2.066	68.87
		추가적 ERP 시스템 교육에 적극적인 참여를 하였다.	.883	.780	2.066	68.87

[표 4-6] 컨설팅사 설문 문항의 타당성 분석

단계	항 목	세부 문항	요인1	공통성 (communality)	고유치 (아이젠값)	분산 비율(%)
도 입 단 계	마스터 플랜 수립 평가	기업 내·외부 환경분석을 위한 인터뷰 혹은 설문조사 실시	.804	.646	2.227	74.22
		고객사 ERP 추진목표에 맞는 구축전략, 구축절차 수립 및 방법론 가이드	.913	.834	2.227	74.22
		기업비전과 전략이 연계된 중·장기 정보기술 계획이 지원 및 가이드	.864	.746	2.227	74.22
	컨설팅사의 ERP 제품 및 컨설팅사 선정	ERP 프로젝트에 대한 위험분석 및 성공요인에 대해 충분한 이해	.895	.801	1.603	80.14
		패키지 업체, 컨설팅사, 고객사 간의 책임소재가 계약서상에 명시 및 상호공유	.895	.801	1.603	80.14
	컨설팅사의 프로젝트 계획 수립 평가	우수컨설턴트와 현업전문가로 적절한 전담 팀이 구성되었다.	.780	.609	4.015	66.91
		컨설팅사, 고객사, 참여사 간의 명확한 역할 분담이 이루어졌다.	.786	.618	4.015	66.91
		기업특성에 적합한 효율적인 프로젝트 관리방안 수립 및 프로젝트 팀과 공유·확정	.874	.764	4.015	66.91
		기업특성에 적합한 ERP 방법론 제시	.759	.576	4.015	66.91
		단계별 작업절차, 산출물의 표준템플릿을 고객 PM 과 리뷰, 확정 후 프로젝트팀과 공유하였다.	.884	.782	4.015	66.91
		ERP 방법론 충분한 교육실시	.816	.666	4.015	66.91
	컨설팅사에서 준비한 변화관리 활동 평가	경영층의 변화를 유도하고 변화관리활동을 적극적으로 지원	.882	.778	2.191	73.03
		고객사 특성에 적합한 변화관리교육 계획수립 및 고객사와 리뷰 후, 확정	.891	.794	2.191	73.03
		조직구성원별 ERP 개념 교육실시	.786	.618	2.191	73.03
	컨설팅사 프로젝트 관리자(PM)의 자질에 대한 평가	PM 은 ERP 제품에 대한 체계적 지식과 구축방법을 명확히 이해하고 있다.	.881	.777	2.323	77.44
		파트너사간 TFT 부문간의 원활한 의사소통능력을 보유.	.880	.774	2.323	77.44
		경영층의 협조와 이해관계자 조정능력이 훌륭했다.	.879	.773	2.323	77.44

단계	항 목	세부 문항	요인1	공통성 (communality)	고유치 (아이젠값)	분산 비율(%)
	컨설턴트 자질 평가	해당분야(산업)에 대한 충분한 전문지식을 보유	.823	.678	2.810	70.25
		ERP 컨설팅 경험이 풍부한 리더십 겸비한 프로젝트 관리자가 투입.	.825	.680	2.810	70.25
		ERP 컨설팅, 구축경험이 풍부한 컨설턴트가 투입되었다.	.889	.791	2.810	70.25
		컨설팅 서비스 마인드(신뢰성, 관계성)를 보유한 컨설턴트 투입	.814	.662	2.810	70.25
구축 단계	컨설팅사가 수행한 TO-BE 설계 평가	AS-IS 프로세스, 시스템, 조직구조 분석과 그에 따른 개선사항의 가이드를 하였다.	.866	.749	2.036	67.88
		고객 요구사항이 반영될 수 있는 TO-BE 설계 가이드	.846	.715	2.036	67.88
		선진사례 제공	.756	.572	2.036	67.88
	컨설팅사의 프로토타이핑 수행 및 지원 평가	Configuration 정의와 그에 따른 체계적인 지식전수	.865	.749	2.174	74.46
		요구사항과 TO-BE 를 검증할 수 있는 반복적인 프로토타이핑을 수행하고 지원하였다.	.898	.806	2.174	74.46
		ERP 패키지와의 GAP 해결을 위해 기업전략과 목표에 대한 적합한 적절한 대안을 제시하였다.	.787	.619	2.174	74.46
	마스터 데이터 표준화와 데이터변환 수행 평가	마스터 데이터 정의와 그에 따른 기준수립에 필요한 가이드가 수행되었다.	.857	.734	2.797	69.92
		마스터 데이터 표준화 방안에 대충분히 가이드하였다.	.868	.753	2.797	69.92
		마스터 데이터 관리방안에 대해 충분히 가이드하였다.	.790	.623	2.797	69.92
		이행전략 가이드 및 이행준비를 체계적으로 지원하였다.	.829	.686	2.797	69.92
	컨설팅사의 소프트웨어구성지원 평가	커스터마이징을 최소화할 수 있는 전략과 가이드가 제시되었다.	.734	.538	2.941	58.82

단계	항 목	세부 문항	요인1	공통성 (communality)	고유치 (아이젠값)	분산 비율(%)
		인터페이스 대상을 정의하고 인터페이스 방안을 가이드	.842	.709	2.941	58.82
		추가개발에 따른 설계서가 작성되고 기술사항이 가이드	.729	.531	2.941	58.82
		ERP 시스템 기술 전수	.678	.460	2.941	58.82
		Legacy 와 ERP 시스템과 통합방안이 가이드	.838	.703	2.941	58.82
	컨설팅사의 테스트 수행/ 지원 평가	고객사 환경에 적합한 테스트전략과 계획이 수립되었다.	.889	.790	3.037	75.94
		TO-BE 프로세스 검증을 위한 테스트 시나리오 작성과 테스트준비를 위해 충분히 가이드	.846	.716	3.037	75.94
		고객사의 합리적인 통합테스트를 지원하고 그 결과를 수시검토	.888	.788	3.037	75.94
		테스트 과정에서 발생한 주요이슈에 대한 해결안을 적절히 가이드	.862	.743	3.037	75.94
	컨설팅사의 프로젝트 관리 평가	ERP 프로젝트 단계별 작업방법에 대한 체계적인 가이드	.780	.609	3.553	71.05
		프로젝트 예산, 자원, 작업계획이 적절히 통제되고 합리적인 관리	.879	.773	3.553	71.05
		위험과 이슈가 공유되고 체계적으로 관리되었다.	.835	.697	3.553	71.05
		단계별 산출물 및 작업수행 결과를 리뷰하고 개선 활동을 수행	.917	.840	3.553	71.05
		TO-BE 프로세스 적용을 위한 대외 활동을 적절히 수행하였다.	.796	.634	3.553	71.05
구축 단계	구축단계 컨설팅사의 변화관리 활동 평가	조직구성원들의 변화를 유도하고 그에 따른 충분한 교육을 지원	.837	.701	2.194	73.13
		변화관리 활동에 대한 진단 및 평가를 위해 고객사에 충분한 가이드를 수행	.875	.768	2.194	73.13
		ERP 에 대한 마인드 교육을 적절히 수행 및 사용자 교육교재 개발을 위해 충분한 가이드	.853	.728	2.194	73.13

단계	항 목	세부 문항	요인1	공통성 (communality)	고유치 (아이젠값)	분산 비율(%)
구축 단계	컨설팅사 프로젝트 관리자(PM)의 자질에 대한 평가	프로젝트 통합관리자로서 자질보유	.852	.726	2.846	71.14
		ERP 프로젝트를 체계적으로 계획하고 실행, 모니터링, 개선관리 수행	.838	.702	2.846	71.14
		갈등 중재, 조정. 합의을 도출할 수 있는 자질 보유	.856	.733	2.846	71.14
		경영진과 참여사 간의 원활한 의사소통을 수행	.828	.685	2.846	71.14
	구축단계의 컨설턴트 자질 평가	산업, 프로세스, ERP 에 대한 전문식을 충분히 전수	.794	.630	2.808	70.19
		문제핵심을 정확히 파악하고 해결을 위한 충분한 대안 및 방향 제시	.878	.771	2.808	70.19
		기업전략과 목표달성을 위해 혁신과 창의적 사고를 고객사에게 유도	.835	.697	2.808	70.19
		프로젝트팀과의 상호간의 신뢰분위기를 조성하는 역할수행	.842	.709	2.808	70.19
정착화 단계	정착화단계에 컨설팅사의 시스템 개통 (cut-over) 준비 평가	시스템 개통(cut-over) 전략수립 프로젝트팀과 참여사에게 충분한 가이드를 수행	.845	.713	1.956	65.21
		헬프데스크 운영조직체계와 운영방법을 고객사 특성과 환경에 맞게 가이드하였다.	.783	.613	1.956	65.21
		실운영에 대비한 사용자 교육을 지속적으로 지원하였으며, 전산 운영자들에게 체계적인 기술 전수	.794	.630	1.956	65.21
	컨설팅사의 프로젝트 평가 및 종료 수행 평가	프로젝트 목표달성 여부 및 시스템 완성여부를 체계적으로 평가하였다.	.815	.664	1.979	65.96
		프로젝트 종료보고와 사후지원을 적절히 제시하였다.	.887	.787	1.979	65.96
		ERP 시스템 안정을 위해 안정화 기간 동안 상주하여 이슈를 모니터링하고 적절한 해결안을 제시하였다.	.726	.528	1.979	65.96

제5장

평가모형에 의한 ERP 프로젝트 실증분석

제1절 표본의 일반적인 현황

표본 대상의 일반적인 현황에서는 주로 ERP 구축 및 완료여부, 구축범위, 업종구분, 기업규모, BPR 수행 유무, ERP 제품종류, 커스터마이징 정도 등에 관한 분석결과를 제시한다.

먼저, ERP 구축기업 또는 구축 중인 기업의 현황을 살펴보면 [표 5-1]에서 제시된 바와 같이, ERP를 구축 중인 기업은 45.8%를 점하고 있고, ERP 구축완료 기업은 54.2%로 나타났으며, 구축 중인 기업은 구축단계에서 28.6%, 정착화단계에서 18.8%의 분포를 보이고 있다.

[표 5-1] ERP 시스템 구축 및 완료기업 분포

| | | | ERP 시스템 구축단계 | | 전 체 |
			ERP 시스템 구축 중	ERP 시스템 구축완료	
참여범위	컨설팅사_고객 평가	빈 도	25	15	40
		백분율(%)	54.3%	41.7%	48.8%
	고객사_컨설팅사 평가	빈 도	21	21	42
		백분율(%)	45.7%	58.3%	51.2%
전 체		빈 도	46	36	82
		백분율(%)	100.0%	100.0%	100.0%

ERP 구축범위는 ERP와 e-비즈니스를 포함한 타 패키지 통합구축이 27%로 나타났고, ERP와 e-비즈니스를 포함한 타 패키지 동시 도입이 26%, ERP 전 모듈 도입이 14%, 그리고 일부 모듈 도입은 15% 순으로 나타났다. 또한 타 패키지와 e-비즈니스를 도입한 확장형 ERP(Extended ERP) 구축이 전체 53% 분포를 나타내고 있다.

[표 5-2] ERP 구축범위

		ERP 구축범위				전 체
		ERP 전 모듈	ERP 와 타 패키지 통합구축	ERP 일부 모듈	ERP + e-비즈니스 + 타 패키지	전 체
컨설팅사_고객 평가	빈 도	6	9	10	15	40
	백분율(%)	42.9%	33.3%	66.7%	57.7%	48.8%
고객사_컨설팅사 평가	빈 도	8	18	5	11	42
	백분율(%)	57.1%	66.7%	33.3%	42.3%	51.2%
전 체	빈 도	14	27	15	26	82
	백분율(%)	100.0%	100.0%	100.0%	100.0%	100.0%

업종별 분포 현황을 살펴보면, 전체 응답 중 제조기업은 62%, 비제조업은 20%를 차지하고 있다. 그중 제조업 분야에는 주로 자동차, 전자/전기, 화학/정유, 제품제조, 항공업종이, 비제조업 분야에는 통신분야, IT 분야, 서비스, 유통, 금융, 기타 업종 등이 포함되었다. 이 중 일반 제품제조 업종이 42.5%로 가장 많이 포함되었으며, 자동차 업종 26.2%, 통신 및 화학/정유가 9.5% 순으로 나타나고 있다(표 5-4 참조).

[표 5-3] 업종별 분포 현황

		업 종		전 체
		제 조	비제조	전 체
컨설팅사_고객 평가	빈 도	29	11	40
	백분율(%)	46.8%	55.0%	48.8%
고객사_컨설팅사 평가	빈 도	33	9	42
	백분율(%)	53.2%	45.0%	51.2%
전 체	빈 도	62	20	82
	백분율(%)	100.0%	100.0%	100.0%

[표 5-4] 세부 업종별 기업분포 현황

대 분 류		빈 도	백분율(%)
세부 업종별 분류	자동차	67	28.2
	전기/전자	13	5.5
	통 신	11	4.6
	유 통	22	9.2
	화학/정유	18	7.6
	건 설	4	1.7
	제 조	71	29.8
	IT	11	4.6
	공공분야	16	6.7
	기 타	5	2.1

기업규모별 분포 현황을 살펴보면, 매출액 1000 억 이상, 종업원 수 1000 명 이상인 대기업이 66%를 차지하였으며, 중소기업은 16% 분포를 보였다.

[표 5-5] 기업규모별 분포 현황

		규 모		전 체
		대기업	중소기업	전 체
컨설팅사_고객 평가	빈 도	34	6	40
	백분율(%)	51.5%	37.5%	48.8%
고객사_컨설팅사 평가	빈 도	32	10	42
	백분율(%)	48.5%	62.5%	51.2%
전 체	빈 도	66	16	82
	백분율(%)	100.0%	100.0%	100.0%

BPR 수행 유·무와 관련한 분포 현황은 [표 5-6]에서 볼 수 있는 것처럼, BPR 수행 기업이 51%로 절반 이상을 차지하였는데, 이는 최근 상당수의 기업이 BPR 수행과 병행하여 ERP 프로젝트를 추진하고 있음을 보여주는 결과이다.

[표 5-6] BPR 수행 유·무 분포 현황

| | | BPR 수행여부 | | 전 체 |
		BPR 수행 후 ERP 구축	BPR 수행 없이 ERP 구축	전 체
컨설팅사_고객 평가	빈 도	23	17	40
	백분율(%)	45.1%	54.8%	48.8%
고객사_컨설팅사 평가	빈 도	28	14	42
	백분율(%)	54.9%	45.2%	51.2%
전 체	빈 도	51	31	82
	백분율(%)	100.0%	100.0%	100.0%

ERP 종류별 구축현황을 살펴보면, 국산 ERP 도입은 18%인 데 비해, 외산 ERP 도입은 63%로 절반 이상의 분포를 차지하고 있다(표 5-7 참조).

[표 5-7] ERP 종류별 구축 현황

| | | ERP 종류 | | 전 체 |
		국산 ERP	외산 ERP	전 체
컨설팅사_고객 평가	빈 도	6	33	39
	백분율(%)	33.3%	52.4%	48.1%
고객사_컨설팅사 평가	빈 도	12	30	42
	백분율(%)	66.7%	47.6%	51.9%
전 체	빈 도	18	63	81
	백분율(%)	100.0%	100.0%	100.0%

커스터마이징 비율은 10% 미만에서부터 50%까지 다양한 분포를 보였다. 전체 평균비율은 27%인데, 이를 기준으로 커스터마이징의 높낮음을 구분하였다. 전체의 38%가 커스터마이징 비율이 30% 이내라고 응답했으나, 커스터마이징 비율이 50% 이상 차지한다는 응답도 6%를 차지하였다.

이는 기업의 요구사항을 수용하고 To-Be 프로세스를 완성하기 위해서 일반적으로 커스터마이징이 1~30% 범위에서 발생되고 있음을 보여준다.

[표 5-8] 커스터마이징 비율 분포도

		커스트마이징 비율					전 체
		10% 미만	10~20%	20~30%	30~40%	50% 이상	
컨설팅사_고객 평가	빈 도	7	3	10	12	2	34
	백분율(%)	50.0%	37.5%	62.5%	46.2%	33.3%	48.6%
고객사_컨설팅사 평가	빈 도	7	5	6	14	4	36
	백분율(%)	50.0%	62.5%	37.5%	53.8%	66.7%	51.4%
전 체	빈 도	14	8	16	26	6	70
	백분율(%)	100.0%	100.0%	100.0%	100.0%	100.0%	100.0%

ERP 설치방법에 따른 비율 분포를 살펴보면, 단계별 설치보다는 전 모듈 빅뱅구축 빈도가 더 높았다. 빅뱅 구축은 ERP 프로젝트를 수행하는 과정에서 많은 위험을 유발함에도 불구하고, 기업은 변화하는 경영 환경에 대응하고 시스템의 인프라 구축을 위해 빅뱅 구축에 상당한 관심을 가지고 있는 것으로 여겨진다.

[표 5-9] ERP 시스템 설치방법 비율 분포도

		ERP 시스템 설치 방법		전 체
		단계별 구축 (Phase)	전모듈 구축 (Big Bang)	전 체
컨설팅사_고객 평가	빈 도	1	39	40
	백분율(%)	25.0%	50.0%	48.8%
고객사_컨설팅사 평가	빈 도	3	39	42
	백분율(%)	75.0%	50.0%	51.2%
전 체	빈 도	4	78	82
	백분율(%)	100.0%	100.0%	100.0%

한편, ERP 시스템을 도입한 기업의 가동 기간을 살펴보면, 최근 오픈한 기업과 오픈 이후 3년 지난 기업의 분포가 상대적으로 높았다.

[표 5-10] ERP 시스템 가동 기간 비율 분포도

		ERP 시스템 가동 기간							전 체
		3 개월 미만	6 개월 미만	1 년 미만	1.6 년 미만	2 년 미만	3 년 정도	기타	전 체
컨설팅사_고객 평가	빈 도	5	5	2	0	0	4	1	17
	백분율(%)	41.7%	100%	66.7%	0%	0%	28.6%	33.3%	42.5%
고객사_컨설팅사 평가	빈 도	7	0	1	2	1	10	2	23
	백분율(%)	58.3%	0%	33.3%	100%	100%	71.4%	66.7%	57.5%
전 체	빈 도	12	5	3	2	1	14	3	40
	백분율(%)	100%	100%	100%	100%	100%	100%	100%	100%

　설문 응답에 참여한 응답자 중 고객사의 경우, 고객사가 컨설팅사를 평가한 설문응답(고객사_컨설팅사)은 42 부이며, 컨설팅사 경우, 컨설팅사가 고객을 평가한 설문응답(컨설팅사_고객 평가)이 40 부로 나타났다.

　고객사와 컨설팅사의 참여 분포 현황을 살펴보면, 고객사의 경우, TFT 요원이 29.0%로 높게 나타난 데 비해, PM 은 7&, 현업은 6%의 응답에 머물렀다. 컨설팅사의 경우, 컨설턴트가 전체의 28.0%로 가장 많이 참여한 것에 비해, PM 은 10%, 변화관리 컨설턴트는 1 명으로 나타났다. 이와 같이 ERP 구축의 핵심주체인 PM 과 TFT 및 컨설턴트의 참여 비율이 높을 때, 프로젝트의 구축 과정은 보다 정확히 평가될 수 있다.

[표 5-11] 고객사 참여 분포 현황

		고객사의 경우 역할구분			전 체
		프로젝트 관리자	프로젝트 팀원	현 업	전 체
고객사_컨설팅사 평가	빈 도	7	29	6	42
	백분율(%)	16.7%	69%	14.3%	100%

[표 5-12] 컨설팅사 참여 분포 현황

		컨설팅사의 경우 역할구분			Total
		프로젝트 관리자	컨설턴트	변화관리 컨설턴트	Total
컨설팅사_고객 평가	빈 도	10	28	1	39
	백분율(%)	25.6%	71.8%	0.25%	100%

제 2 절 평가모형에 의한 ERP 프로젝트 검증

본 연구는 고객사와 컨설팅사를 상호 평가할 수 있는 ERP 프로젝트 평가모형을 개발한 후, 고객사와 컨설팅사 상호간의 인식차이를 분석하기 위해 가설을 설정하였다. 상호인식차이는 프로젝트 단계별, 평가항목별 평가점수를 비교하는 것으로 이를 위해, 단계별 가중치와 평가항목별 로컬 가중치를 적용하여 t-검정을 실시하였다. 가설의 채택 여부는 통계적 유의수준 5%에서 결정되었다.

1. ERP 프로젝트 단계별 평점차이 검증

ERP 프로젝트 단계별로 고객사와 컨설팅사 간의 평점차이를 검증하고자 가설 1은 단계별 평가차이 분석과 단계별 평가항목 간의 차이분석을 통해 검증하였다.

단계별 평가차이분석은 ERP 프로젝트 구축과정 중 고객사와 컨설팅사 간의 평점차이를 도입, 구축, 정착화단계로 구분하여 분석하는 것이다.

그 결과, 모든 단계에서 컨설팅사의 평점이 고객사의 평점보다 더 높게 나타났다[표 5-13]. 도입, 구축단계에서는 두 집단 간의 평점차이는 크지 않았으나 정착화단계에서는 다른 단계에 비해 상대적으로 평점차이가 크게 나타났다. 이는 시스템 오픈 직전과 직후에 단시간 내에 ERP 시스템을 안정화시키기는 데 고객보다 컨설팅사의 역할이 더 많이 수행되는 것을 보여준다. 이러한 현상의 원인은 ERP 프로젝트 종료가 컨설팅사에 의해 책임지고 수행하고(오라클매거진, 2006) 반면, 고객의 역량한계가 조직의 요구사항에 신속하게 대응하기 어렵게 만들기 때문으로 분석된다.

반면, 고객사와 컨설팅사 간의 가장 낮은 평점은 구축단계로 0.04 점의 차이를 보였다[그림 5-1]. 이는 다른 단계에 비해 구축단계에서 많은 작업들이 수행되면서 나타나는 다양한 문제로 인해 프로젝트 팀원들의 사기와 작업완성도가 떨어질 수밖에 없는 현실을 반영한 것으로 보인다.

[표 5-13] ERP 프로젝트 구축단계별 평점차이 분석

단계	평가자_평가대상자 점수	N	Mean	S.D	t	p	판정
도입 단계	컨설팅사_고객 평점	40	.4727	.08735	−4.090	.000***	채택
	고객사_컨설팅사 평점	41	.5456	.07249			
구축 단계	컨설팅사_고객 평점	40	.3314	.05264	−2.222	.029**	채택
	고객사_컨설팅사 평점	42	.3568	.05093			
정착화 단계	컨설팅사_고객 평점	40	.7129	.10662	−22.186	.000***	채택
	고객사_컨설팅사 평점	42	1.6836	.22409			

주: ***는 95% 신뢰수준(p⟨0.05) 또는 ***는 99% 신뢰수준(p⟨0.01)에서 유의함.

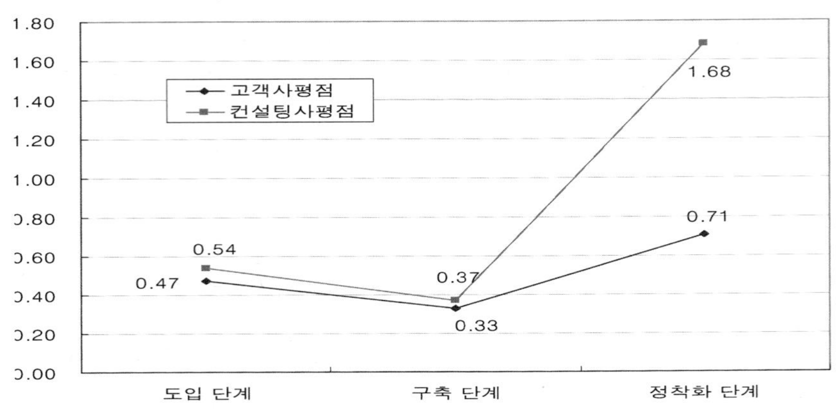

[그림 5-1] ERP 프로젝트 구축단계별 평점차이 분석 (그래프)

2. 단계별 평가항목별 평점차이 검증

두 번째 검증방법은 단계별 평가항목 간의 차이 분석으로 이는 ERP 프로젝트 도입, 구축, 정착화단계에 해당되는 동일한 평가항목을 비교함으로써 고객사와 컨설팅사 간의 평점차이를 분석하는 것이다.

이를 위해, 비교 가능하지 않은 평가항목은 [표 5-14]의 비교란에서 'X'로 정의하고 상호평점차이 분석에서 제외시켰다. 이는 고객사와 컨설팅사의 작업 결과를 보다 객관적으로 평가할 수 있도록 하기 위해서이다.

따라서 도입단계에서는 6 항목 중 2 개 항목을 제외한 4 개 항목, 구축단계는 9 개 항목 중 2 개를 제외한 7 개 항목, 정착화단계에서는 4 개 항목 중 2 개를 제외한 2 개 평가항목만을 상호 비교하여 평가차이 분석에 포함시켰다.

[표 5-14] 고객사와 컨설팅사 평가항목 비교표

X: 평가항목 비교대상에서 제외

단계	고객사 단계별 평가항목	컨설팅사 단계별 평가항목	비고
도입단계	마스터플랜 수립	마스터플랜 수립	
	ERP 제품선정 및 계약	ERP 제품선정 및 계약	
	ERP 프로젝트 계획수립	ERP 프로젝트 계획수립	
	도입단계 변화관리 활동	도입단계 변화관리 계획수립	
	도입단계 최고경영자 비전	도입단계 프로젝트 관리자 자질	X
	도입단계 사용자 참여	도입단계 컨설턴트 자질	X
구축단계	To-Be 프로세스 설계	To-Be 프로세스 설계	
	프로토타이핑 활용	프로토타이핑 지원	
	마스터 데이터 표준화 및 데이터 변환 수행	마스터 데이터 표준화 및 데이터 변환 수행	
	적정 개발	적정 개발 지원	
	품질 테스팅	품질 테스팅 지원	
	프로젝트 관리	구축단계 프로젝트 관리	
	구축단계 변화관리활동	구축단계 변화관리 지원	
	구축단계 최고경영자 관심 및 지원	구축단계 프로젝트 관리자 자질	X
	구축단계 사용자 참여	구축단계 컨설턴트 자질	X
정착화단계	시스템 개통(cut-over) 준비	시스템 개통(cut-over) 준비	
	프로젝트 평가 및 종료	프로젝트 평가 및 종료	
	정착화단계의 최고경영자 지원		X
	정착화단계 사용자 참여		X

평가항목별 평점차이 분석 결과, 모든 항목에서 컨설턴트사의 평점이 고객사의 평점보다 높았으며, 95% 또는 99% 신뢰수준에서 유의한 것으로 나타났다.

구체적으로 검증 평가결과를 살펴보면 다음과 같다[표 5-15].

첫째, 도입단계의 프로젝트 계획 항목에서는 컨설팅사의 평점이 고객사의 평점보다 더 높게 나타났다. 이는 도입단계에서 고객은 ERP 프로젝트를 여러 차례 경험한 컨설턴트와는 달리 이 프로젝트를 처음 수행하기 때문에 추진방법에 대한 이해도가 상대적으로 미흡하다는 점에 기인하며 반면 컨설팅사는 체계적인 프로젝트 계획을 수립한다고 볼 수 있다. 또한 변화관리 항목에서 고객과 컨설팅사 간의 평점차이가 크게 나타나는 이유도 컨설턴트는 프로젝트 초기부터 변화관리 활동의 중요성을 수차례 반복 강조하는 데 비해 고객은 상대적으로 이를 수용하려는 정도가 낮기 때문으로 분석된다[그림 5-2].

[표 5-15] 도입단계 평가항목 간 평점차이 분석

평가항목	평가자_평가대상자 점수	N	Mean	S.D	t	p
마스터플랜수립 평가	컨설팅사_고객 평점	40	.3897	.06975	-2.046	.044**
	고객사_컨설팅사 평점	41	.4228	.07554		
ERP 제품선정 및 계약 평가	컨설팅사_고객 평점	40	.2449	.04183	-3.535	.001***
	고객사_컨설팅사 평점	41	.2797	.04659		
ERP 프로젝트 계획수립 및 평가	컨설팅사_고객 평점	40	.2708	.04413	-23.761	.000***
	고객사_컨설팅사 평점	41	.6610	.09425		
변화관리활동 평가	컨설팅사_고객 평점	40	.4743	.10204	-5.005	.000***
	고객사_컨설팅사평점	41	.5994	.11994		

주: **는 95% 신뢰수준($p < 0.05$), ***는 99% 신뢰수준($p < 0.01$)에서 유의함.

[그림 5-2] 도입단계 평가항목별 평점차이 분석 (그래프)

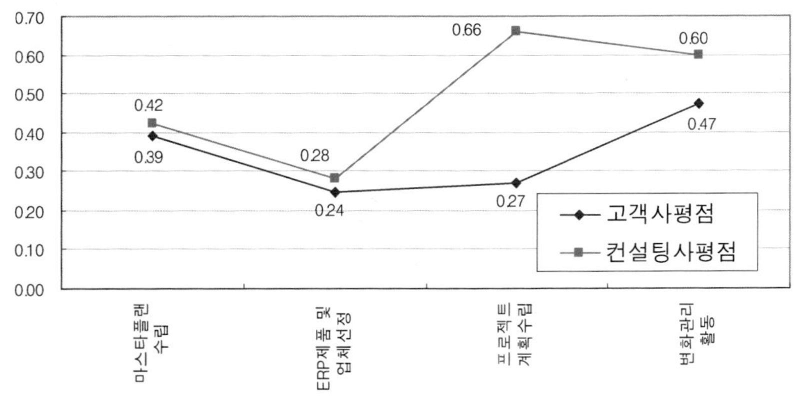

둘째, 구축단계의 평가항목별 평점차이 분석에서는 7 개 평가항목 중 프로토타이핑 활용 평가항목을 제외한 모든 항목에서 컨설팅사의 평점이 고객사의 평점보다 높게 나타났으며, 이는 p〈0.01 의 유의수준에서 의미 있는 결과를 보였다[표 5-16]. 반면, 프로토타이핑 수행 평가에서는 고객사가 컨설팅사보다 0.04 높은 평점차이를 나타냈고 마스터 데이터 표준화 및 데이터 변환준비 항목과 프로젝트 관리 항목에서는 각각 0.17, 0.19 의 차이를 보여 컨설팅사의 평점이 고객사보다 높은 것으로 나타났다.

이는 고객이 컨설턴트보다 프로토타이핑 수행활동에 더 적극적으로 참여하고, ERP 기능과 To-Be 프로세스 간의 차이분석 및 이에 따른 해결안을 도출하기 위해서 많은 노력을 하고 있음을 보여주는 결과이다. 그러나 마스터 데이터 표준화 및 프로젝트 관리 활동에서 컨설팅사의 작업평점이 다른 항목에 비해 상대적으로 높게 나타난 점은[그림 5-3], 컨설팅사가 강조하고 있는 마스터 데이터 정비 및 프로젝트 관리 부분에서 고객사의 참여와 역할수행이 미흡하고 작업의 중요성에 대한 인식 수준이 상대적으로 낮기 때문으로 해석된다.

[표 5-16] 구축단계 평가항목별 평점차이 분석

평가항목	평가자_평가대상자 점수	N	Mean	S.D	t	P
TO-BE 프로세스 설계 평가	컨설팅사_고객 평가	40	.2284	.03610	-8.340	.000***
	고객사_컨설팅사 평가	42	.3181	.05908		
프로토타이핑 수행 평가	컨설팅사_고객 평가	37	.1818	.02758	6.127	.000***
	고객사_컨설팅사 평가	42	.1486	.01926		
마스터 데이터 표준화 및 데이터 변환 준비 수행 평가	컨설팅사_고객 평가	38	.3618	.11649	-7.323	.000***
	고객사_컨설팅사 평가	40	.5270	.07786		
소프트웨어 개발 (커스터마이징)	컨설팅사_고객 평가	36	.1372	.01976	-10.100	.000***
	고객사_컨설팅사 평가	40	.1932	.02821		
테스트 수행 평가	컨설팅사_고객 평가	30	.3093	.04271	-4.794	.000***
	고객사_컨설팅사 평가	39	.3660	.05542		
프로젝트 관리평가	컨설팅사_고객 평가	37	.3134	.06110	-12.063	.000***
	고객사_컨설팅사 평가	41	.5038	.07801		
변화관리 평가	컨설팅사_고객 평가	37	.4128	.07859	-3.808	.000***
	고객사_컨설팅사 평가	40	.4854	.08868		

주: ***는 99% 신뢰수준(p〈0.01)에서 통계적으로 유의함.

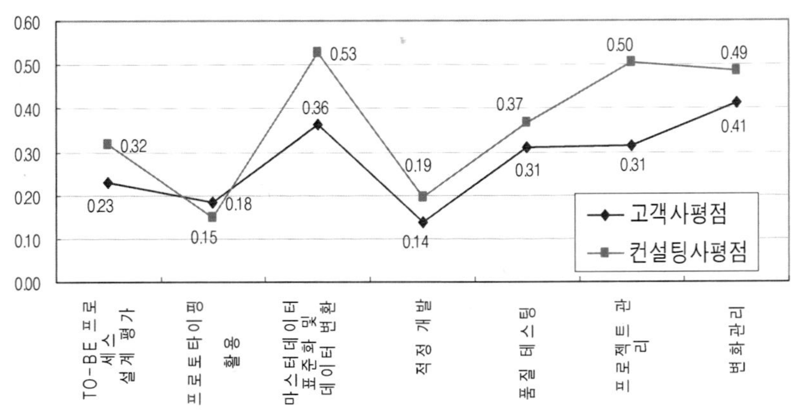

[그림 5-3] 구축단계 평가항목별 평점차이 분석 (그래프)

셋째, 정착화단계에서는 모든 항목에서 컨설팅사의 평점이 고객사의 평점보다 높게 나타났으며 유의도 p<0.01 에서 의미 있는 결과를 보였다[표 5-17]. 위와 같은 결과는 선행연구에 살펴보았듯이, 고객은 단기성과라는 목표에 초점을 두고 프로젝트를 종료하고 컨설팅사 관점이 ERP 를 도입하는 고객관점의 평가보다 더 중요하게 작용하기 때문이다(오라클매거진, 2006). 따라서 ERP 시스템 구축을 제대로 완료하고 현장의 빠른 정착화를 위해서는 고객의 주인의식이 매우 중요하다[그림 5-4].

[표 5-17] 정착화단계 평가항목별 평점차이 분석

평가항목	평가자_평가대상자점수	N	Mean	S.D	t	p
운영을 위한 시스템 개통 (cut-over) 준비평가	컨설팅사_고객 평가	40	.6220	.08124	-24.732	.000***
	고객사_컨설팅사 평가	41	2.3338	.34503		
고객사의 프로젝트 평가 및 종료수행 평가	컨설팅사_고객 평가	40	.5049	.07548	-16.985	.000***
	고객사_컨설팅사 평가	41	1.0020	.12519		

주: ***는 99% 신뢰수준(p<0.01)에서 통계적으로 유의함.

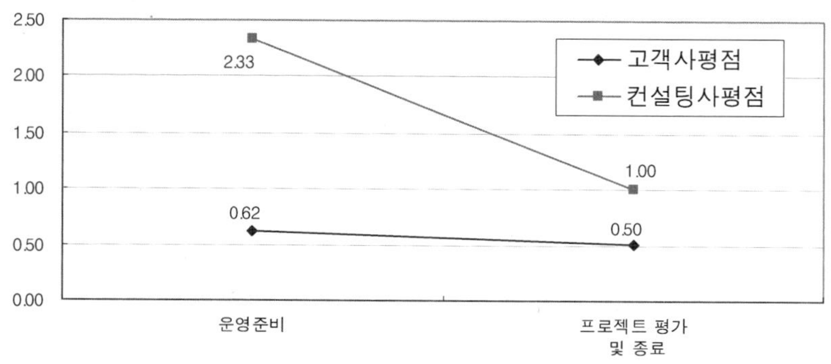

[그림 5-4] 정착화단계 평가항목별 평점차이 분석 (그래프)

가설1의 검증 결과를 정리해 보면, 모든 단계에서 컨설팅사의 평점이 고객사의 평점보다 높았다. 따라서 가설1은 모든 단계에서 유의도 수준 $p < 0.05$, $p < 0.01$에서 채택되었다.

이러한 결과는 ERP 프로젝트 전체단계에서 컨설팅사보다 고객사의 역할이 더 미진하고 각 단계의 성공요인에 대한 인식이 부족하기 때문에 작업의 완성도 역시 떨어진다고 해석된다. 프로젝트 계획과 프로젝트 관리 영역에서는 전문가인 컨설턴트가 고객보다 우수한 역할을 수행하고 이를 위해 체계적인 접근을 하는 것으로 여겨진다.

제3절 평가모형에 의한 ERP 프로젝트 검증 결과

1. ERP 프로젝트 단계별 검증 결과

이상에서는 본 연구에서 설정한 연구 가설에 따라 ERP 프로젝트의 추진 과정에서 고객사와 컨설팅사가 수행한 작업 결과의 차이를 살펴보았다. 다시 한번 각 단계별 고객사와 컨설팅사가 수행할 작업의 중요도를 정리해 보면, 컨설팅사는 모든 단계에서 컨설팅 서비스의 가중치가 유사하게 나타났다. 도입단계는 32.7%, 구축단계는 35.4% 그리고 정착화단계는 31.9%로 구축단계 역할이 상대적으로 중요함을 제시하고 있다. 반면, 고객사는 도입단계는 14.3%, 구축단계는 24.9%, 그리고 정착화단계는 60.8%로 나타났는데 이것의 의미는 정상적인 오픈을 위한 준비와 지속적인 시스템 및 프로세스 개선이 ERP 성공에 결정적인 역할을 한다는 것을 의미한다.

이러한 작업의 중요도를 토대로 아래에서는 각 가설에 대한 검증 결과를 요약해 본다.

(1) 단계별 고객사와 컨설팅사 간 평가차이 검증 결과

단계별 고객사와 컨설팅사 간 작업결과 평점차이를 검증한 결과, 도입, 구축, 정착화 등 모든 단계에서 상호인식차이가 발생하였다. 특히, 정착화단계에서 고객사의 평가점수가 컨설팅사의 평가점수보다 낮고 다른 단계에 비해 보다 더 큰 폭의 평점차이를 보였다. 따라서 가설 1.1, 가설 1.2, 가설 1.3 모두 채택되었다[표 5-24].

그러나 가설 1 의 검증 결과는 임세헌(2003) 외 등이 AHP 를 활용한 ERP 도입성과 측정 모델과는 다른 결과를 보여주고 있다. 임세헌(2003) 외는 구축단계에서 작업이 가장 양호하게 진행되며 상대적으로 도입단계가 가장 미흡하다고 보았으나, 본 연구에서는 구축단계에서 작업 결과에 대한 고객의 평가가 가장 낮게 나타났으며 그 다음 도입, 정착화단계의 순으로 나타났다.

구축단계에서 이와 같은 결과가 나타난 것은 여러 분야에서 프로젝트 요원들이 투입되고 다양한 작업이 동시에 이루어짐에 따라 프로젝트의 성공과 작업완성도에 대한 주관적 기대치가 상대적으로 낮게 나타나기 때문으로 보인다. 또한, 도입단계에서 해야 될 주요 작업들이 제대로 마무리되지 못한 채 구축단계로 전환됨에 따라 고객과 컨설턴트 간에 상호불신, 비협조적 분위기, 책임전가 등의 현상이 두드러지게 나타나기 때문이다.

정착화단계에서 상호간의 인식차이가 크게 나타난 이유는 고객입장에서 정착화단계의 가중치는 컨설팅사의 가중치보다 월등하게 높기 때문에 상대적으로 정착화단계에 높은 점수를 획득해야만 본 단계의 갭을 줄일 수 있을 것이다.

[표 5-18] ERP 프로젝트 단계별 가설검증 결과

문제	가설 내용	채택 여부
1	ERP 구축단계별 고객사와 컨설팅사 간 평가점수에는 차이가 존재할 것이다.	
1-1	도입단계에서 고객사와 컨설팅사 간 평가점수에는 차이가 존재할 것이다.	채택
1-2	구축단계에서 고객사와 컨설팅사 간 평가점수에는 차이가 존재할 것이다.	채택
1-3	정착화단계에서 고객사와 컨설팅사 간 평가점수에는 차이가 존재할 것이다.	채택

(2) 평가항목별 고객사와 컨설팅사 간 평가차이 검증 결과

평가항목별로 고객사와 컨설팅사 간에 수행한 작업결과에 대한 평가차이 분석 결과, 모든 항목에서 상호인식차이가 발생하였으며, 구축단계의 프로토타이핑 항목을 제외한 나머지 평가항목에서는 컨설팅사의 책임과 역할이 고객사보다 양호하게 나타났다. 한편, 정착화단계에서 고객사와 컨설팅사 간의 시스템 개통(Cut-Over) 준비, 프로젝트 평가 및 종료의 평점차이는 다른 단계에 비해 높게 나타났다. 이러한 원인은 고객이 프로젝트 비용을 고려하여 정해진 일정에 맞추어 프로젝트를 종료하기 때문이다.

그리고 사용자의 교육, 헬프데스크 대응정도, 시스템 성능 등과 같은 사용자 만족도 평가를 통해 시스템 개선방향을 정의하고 실행하는 활동이 미약하기 때문이다.

[표 5-25]은 평가항목별 고객사와 컨설팅사 간의 평점차이를 비교 분석한 내용이다. 모든 단계에서 컨설팅사의 평점이 고객사보다 더 높았으나 구축단계의 프로토타이핑 항목에서는 고객사가 컨설팅사에 비해 0.04 로 다소 높게 나타났다.

[표 5-19] 고객사와 컨설팅사 평가항목별 평점차이 분석표

단계	평가항목	고객사와 컨설팅사 평점 비교	평점 차이	비고
도입 단계	마스터플랜 수립	〈	0.04	
	ERP 제품선정 및 계약	〈	0.03	
	ERP 프로젝트 계획수립	〈	0.39	
	도입단계 변화관리 활동	〈	0.12	
구축 단계	To-Be 프로세스 설계	〈	0.09	
	프로토타이핑 수행	〉	0.04	#
	데이터 표준화 및 이행	〈	0.16	
	커스터마이징	〈	0.06	
	테스트 수행	〈	0.06	
	프로젝트 관리	〈	0.19	
	구축단계 변화관리활동	〈	0.07	
정착화 단계	시스템 개통 준비	〈	1.71	
	프로젝트 평가 및 종료	〈	0.5	

컨설팅사 평점이 높은 경우: 〈 고객사 평점이 높은 경우 :〉

제 4 절 평가모형에 의한 ERP 프로젝트의 진화

이상의 가설 검증 결과를 바탕으로 본 절에서는 고객사와 컨설팅사 간 상호인식 평가가 주는 시사점을 언급하고 성공적인 ERP 도입을 위해 고객과 컨설턴트 간의 상호인식에 대한 차이를 개선할 수 있는 대안을 제시한다. 이 개선안은 고객사와 컨설팅사 서로 간에 협조와 신뢰를 기반으로 프로젝트를 수행하였을 때 상호인식차이를 줄여줄 수 있는 방안을 제시하며, 그 결과, 프로젝트의 위험을 최소화시켜 컨설팅 서비스의 효과와 ERP 프로젝트가 추구하는 궁극적인 목표를 달성할 수 있도록 가이드하는 것이다.

1. ERP 프로젝트 검증 결과의 시사점

본고의 연구결과를 종합하면, 크게 2 가지 관점에서 시사점을 발견할 수 있다. 우선 평가모형 개발과정에서 고객과 컨설팅사의 평가항목 중요도는 단계별로 차이를 보이고 있으나 ERP 프로젝트 상에서는 공통점을 발견할 수 있다. 두 번째, 평가모형에 의한 고객사와 컨설팅사 간의 상호인식차이에 따른 시사점을 역할과 책임관점에서 제시한다.

(1) 평가항목 중요도의 시사점

평가모형 개발과정에서는 AHP 을 적용한 평가항목 가중치 분석결과, 고객과 컨설팅사 각각이 중요하게 느끼는 평가영역과 공통으로 중요하게 인식하는 관점의 시사점을 제시한다.

첫째, 고객은 컨설팅사에게 프로젝트 관리자, 컨설턴트 능력을 주요평가항목으로 인식하고 있으며, 컨설팅사는 고객에게 최고경영자의 지원과 관심, 사용자 참여, 변화관리 활동을 주요 평가항목으로 인식하고 있다. 이는 ERP 프로젝트 도입, 구축, 정착화 모든 단계에서 중요평가항목으로 요구되고 있고 선행 연구에서도 이들 평가항목은 ERP 성공에 영향을 미친다고 하였다. 즉 Cantu(1999)가 제시한 ERP 성공요인 중 사람과 관리/조직 요인이 프로젝트 성공에 결정적인 역할을 담당한다는 것을 발견할 수 있다. 따라서 컨설팅사와 고객사는 도입단계부터 우수한 자질을 갖춘 해당분야의 업무 및 컨설팅 전문가를 선정하고 이를 조직차원에서 지원하여 체계적으로 프로젝트가 추진되고 적절한 통제와 관리되도록 해야 한다.

둘째, 고객사와 컨설팅사 모두 시스템 통합성과 완성도에 관심이 모아지고 있다. 이러한 결과는 꾸준히 ERP 도입이 증가하는 이유 중 하나이며 다시 말해, 도입기업들이 e-비즈니스 근간인 가치 사슬 통합의 기반을 형성하기 위해 ERP 시스템의 고도화를 요구하기 때문(엑센츄어 컨설팅사, 2002, IDC, 2006)임을 시사하고 있다.

만약, 데이터 표준화 미비와 적절하지 않은 데이터 이행이 이루어진다면 사용자는 ERP 시스템에 관심을 갖기 어려우며 협력사 간 프로세스 통합과 데이터 통합은 물론 어렵다. 또한 테스트 완성도가 미흡하면, 결국 인터페이스와 추가개발로 인해 시스템 통합의 적성성을 확보하기 어렵기 때문에 심지어는 비즈니스 목적달성에 실패할 수도 있다. 따라서 여러 협력사가 하나의 시스템으로 움직일 수 있도록 충분한 테스트 기간과 테스팅 전략이 요구된다. 이러한 문제가 해결되지 않는다면, ERP 시스템과 기존시스템 간의 통합상의 이슈, 성능상의 문제, 추가개발상의 에러 등으로 인해 ERP 시스템 안정화를 기대하기는 어렵다.

이와 같은 현상은 Umble et al.(2003) 제시한 '왜 ERP 시스템 구축은 실패하는가?'의 연구에서 10 가지 실패요인분석 결과와 흡사하며, Tchokogue et al.(2005)가 제시한 성공적인 ERP 프로젝트에서 핵심요인 중의 하나인 프로세스와 시스템 간의 통합, 품질보증활동이 포함된 효율적인 프로젝트 관리의 필요성과도 일치한다고 본다. 따라서 시스템 완성도를 높이기 위해서는 프로젝트에 참여하는 고객과 컨설턴트가 동일한 목표의식을 가지고 역량을 집중하였을 때 진정한 시스템 통합은 구현된다고 볼 수 있다.

[표 5-20]은 ERP 프로젝트 수행과정에서 고객사가 바라보는 관점에서 컨설팅 서비스의 전제조건과 컨설팅사가 바라보는 관점에서 중요도가 높은 항목 중심으로 정리한 것이다. 또한 상호 시스템 완성도 관점에서 공통관심사를 우측에 제시하였다.

[표 5-20] 고객사와 컨설팅사의 평가항목 중요도

구 분	조직/인력 측면에서 중요도 항목	시스템 완성도 측면
고객사가 요구하는 중요항목	■ 프로젝트 관리자 능력 ■ 컨설팅 서비스전문성, 충실한 가이드	■ 데이터 표준화 ■ 데이터 이행완성도 ■ 테스트 완성도
컨설팅사 요구하는 중요항목	■ 최고경영자 지원과 관심 ■ 사용자 참여 ■ 변화관리 활동	■ 프로젝트 관리 ■ To-Be 설계

(2) 고객사와 컨설팅사 간의 상호인식차이의 시사점

본 연구에서는 평가모형을 적용하여 고객사와 컨설팅사 간의 상호평가결과 측면에서 두 가지의 시사점을 제시한다.

첫째, ERP 프로젝트 수행에 있어서 고객사와 컨설팅사 양자의 역할 수행이 모두 중요함을 보여주었다. 지금까지 ERP 도입, 구축, 운영, 활용 등과 관련한 선행연구는 ERP 의 성공요인으로 고객사의 역할만을 강조해왔다. 그러나 마스터 데이터 표준화, 이행의 정확도, 테스트 완결성 및 프로젝트 관리 등의 시스템 완성과 관련된 작업은 결국 고객사와 컨설팅사가 공동으로 작업할 경우에 완성된다.

이를 위해 고객은 ERP 프로젝트의 특성, 컨설팅 의뢰의 목적, 컨설턴트의 역할, 고객의 역할을 분명히 이해하고 구축과정에서 컨설턴트로부터 경험과 지식을 전수받을 필요가 있다.

반면, 컨설팅사는 고객에 대한 상세한 이해와 다양한 업무프로세스 경험을 토대로 최선의 의사결정을 할 수 있도록 그들을 유도하고 향후 운영에 필요한 지식이전 등에 보다 적극적으로 참여해야 한다. 고객과 컨설턴트 모두가 업무 프로세스 정비와 그에 따른 역할 수행을 제대로 이행할 때, 비로소 ERP 시스템은 목표대로 가동될 수 있다.

둘째, 연구결과, ERP 프로젝트 전 과정에서 고객의 역할 수행은 컨설턴트에 비해 많이 부족한 것으로 나타났다. 이는 ERP 를 도입하는 기업들이 컨설팅사에 비해 상대적으로 프로젝트에 대한 주인의식이 낮고, 시스템의 완성도나 품질 향상에 대해서도 관심도가 낮은 데서 비롯된다. 따라서 이를 극복할 수 있는 개선안을 마련해야 한다.

따라서 고객의 역할을 향상시키기 위해서 먼저 1) 고객은 컨설팅사를 적절히 관리하면서 그들의 가이드를 수용하고 이해할 수 있는 수준의 역량을 확보하여야 한다. 이는 프로젝트 성공 및 향후 안정적 운영에 절대적인 영향을 미치는 요소이다. 2) ERP 프로젝트 단계별 상호평가가 수행되어야 한다. 만약 고객이 평가의 필요성을 느끼지 못한다 할지라도 객관성 확보를 위해 컨설팅사가 자체적으로 보유한 방법론을 활용하거나 또는 본 연구의 평가모형을 이용하여 컨설팅사와 고객사에 대한 평가가 이루어져야 한다. 일반적으로 ERP 프로젝트 종료주도는 컨설팅사에서 책임지고 역할을 수행하지만, 종료 후 안정화는 기업 내부 역량으로 해결해야 하기 때문에(오라클매거진, 2006) 구축과정에서 컨설팅 서비스와 고객 수행결과에 대한 평가는 치밀하지 못하는 경향이 있다. 그 결과 시스템의 품질상에서 문제를 일으킬 수 있는데 상호평가는 이러한 단점을 극복할 수 있는 대안이 된다.

2. ERP 프로젝트 단계별 개선안

각 단계별 고객사와 컨설팅사 간 상호 작업평가 결과, 모든 단계에서 컨설팅 서비스 수준이 고객의 역할수행보다 더 양호하게 나타났다. 이러한 결과가 주는 원인은 여러 가지 요인이 있겠으나 ERP 전문가와 연구자의 경험에 비추어볼 때, 컨설팅사는 ERP 프로젝트에 대한 경험이 많고, 리딩방법을 이해하고 있는 반면, 고객사는 ERP 프로젝트를 기존 정보시스템 구축과 유사한 관점에서 인식하고 참여하는 경향이 있다. 또한, 대부분 ERP 시스템 구축경험이 없기 때문에 각 단계별 무엇을 어떻게 해야 하는지 정확히 이해하지 못한 상태에서 작업이 진행된다. 정착화단계에 왔을 때, 비로소 고객은 자신들이 어떤 역할을 수행해야 하는지 인지하는 것을 종종 발견하게 된다. 따라서 고객 중심의 체계적 ERP 프로젝트를 추진하기 위해 본 연구에서는 다음과 같은 개선안을 단계별로 제시한다.

(1) 도입단계 개선안

도입 단계에서는 고객사와 컨설팅사 상호간의 평점차이를 좁히기 위해서 고객사의 특성을 반영한 정교한 프로젝트 계획과 변화관리 계획수립에 중점을 두어야 한다. 또한 프로젝트 초기단계부터 고객사, 개발사, 컨설팅사 및 기타 참여사 간의 역할과 책임을 명확히 수립해야 한다. 그리고 이러한 역할을 인지할 수 있도록 충분한 준비와 조직원들과의 공감대를 형성한 이후, 프로젝트를 수행할 필요가 있다. 만약 이러한 과정을 인지하지 못하고, 공감되지 않는다면, 프로젝트 추진과정에서 고객과 컨설턴트 간의 상호인식차이는 더욱 커지게 되며, 그 결과 단계별 작업완성도가 저하될 뿐 아니라 ERP 시스템의 품질에 심각한 영향을 초래할 수 있다.

특히, 컨설팅사는 도입단계에서 고객이 수행해야 할 역할과 작업방법을 구체적으로 이해할 수 있도록 프로젝트 계획을 체계화시켜야 한다. 즉 구축방법론 교육, 단계별 산출물 필요성과 작성방법 그리고 단계별 검수체계 등을 고객사에게 충분히 가이드하고 지원을 하여야 한다. 이를 위해 세부 작업항목 하나하나를 기술하고 프로젝트 팀원들과 공감대를 형성하는 것이 필요하다.

만약 도입단계의 평가항목 간의 인식차이가 줄어들지 않는다면, 구축단계에서 평가점수는 가장 낮을 수밖에 없다. 결국, 구축단계의 완성도 저하는 정착화단계에 영향을 주어 시스템의 완성도가 낮아짐에 따라 ERP 시스템 안정화 기간이 장기화될 뿐 아니라 시스템 품질, 데이터 품질은 보장받기 어려워진다.

따라서 프로젝트 첫단계에서 고객과 컨설턴트는 프로젝트 목적을 분명하고 완전하게 정의해야 한다. 이러한 작업은 고객과 컨설턴트의 반복적인 토의를 통해 점진적으로 달성될 수 있으며, 이는 프로젝트 구축과정을 점검, 통제 그리고 평가할 수 있는 근거가 된다.

(2) 구축단계 개선안

구축단계에서는 다른 단계에 비해 고객사와 컨설팅사 모두에게 가장 낮은 평점결과가 나타났다. 특히, 상호 평점차이가 큰 평가항목은 마스터 데이터 표준화와 이행, 프로젝트 관리 및 To-Be 설계 영역이었는데, 이러한 차이를 극복하기 위한 개선방안을 기술하면 아래와 같다.

첫째, 구축단계는 여러 이해관계자가 참여하고 다양한 작업이 이루어지는 단계로서 고객과 컨설턴트는 다양한 이슈와 위험요인을 접하게 된다. 그 과정에서 이들의 신뢰관계는 서서히 무너지기 시작하며, 상호간의 기대의 불일치가 발생한다. 고객은 프로젝트가 제대로 종료될 수 있는지에 대해 의문을 갖게 되며, 컨설턴트는 고객에 대한 무관심 현상이 나타나는 경향이 있다. 결국, 이러한 분위기는 구축단계의 평점을 낮게 나오도록 하는 원인제공을 한다.

이와 같은 현상을 극복하기 위해서 고객은 컨설팅사에 대해 신뢰와 상호협조 체제를 형성해야 하며, 컨설팅사는 고객의 요구사항을 수렴하고 그에 따른 가이드와 지원 등에 보다 적극적인 서비스를 제공해야 한다. 서로 간의 작업 수행에 대한 관심과 지원 그리고 공감대 형성이 결국 성공적인 프로젝트의 종료를 가능하게 할 것이다.

둘째, 구축단계에서는 프로토타이핑 항목을 제외한 모든 평가항목에서 고객의 역할이 컨설팅사보다 미흡한 결과로 나타났다. 특히, 마스터 데이터 표준화 및 이행, 프로젝트 관리 항목, To-Be 설계 평가항목 등은 상호간의 가중치가 높은 항목인데도 불구하고 이들 항목 간의 평점차이 폭이 크게 나타났다. 그 원인은 구축과정에서 고객은 마스터 데이터 정비의 중요성, 데이터 이행의 어려움 그리고 데이터 부정합성이 주는 영향을 충분히 인지하지 못하며 BPR를 수반하지 않은 As-Is 중심의 To-Be 설계가 다음 작업에 어떠한 영향을 주는지를 깨닫지 못한 상태에서 작업하기 때문으로 해석된다.

이러한 문제를 최소화하려면, 현장의 사용자가 중심이 되어, To-Be 프로세스를 점검하고 그에 따른 개선안을 제시할 수 있도록 해야 한다. 이를 위해 프로젝트의 진행과정과 결과물을 함께 공유할 수 있는 교육 실시는 필수적이다. 더불어 고객사의 현업은 적시에 데이터 표준화, 적합성 검증이 이루어질 수 있도록 지원해야 한다. 만약 이 부분의 작업이 소홀히 이루어질 경우, 프로세스 개선과 정착화 그리고 양질의 시스템과 데이터 품질을 확보하기 어렵고, 구축 이후에도 정착화 기간은 장기화될 가능성이 높다. 프로젝트 관리 영역에서 갭 차이를 줄이기 위해서는 리더십과 역량을 갖춘 프로젝트 관리자의 참여와 책임을 가지고 수행할 수 있는 조직운영 및 의사결정에 대한 권한 부여가 필요할 것이다.

한편, 데이터 준비에 따른 갭을 줄이기 위해서 3 장 2 절에서 언급한 바와 같이 고객은 도입단계부터 마스터 데이터 표준화 및 이행의 중요성을 인식하고 이를 위해 ERP 시스템에 대한 보다 구체적인 이해를 필요로 한다. 컨설팅사는 데이터 이행 전략방향을 제시하여야 한다. 즉 표준화 및 이행대상 범위, 표준화방법, 이행절차, ERP 시스템으로 이행 후 데이터 정확성 확인 방법 등을 설명하고 가이드해야 한다. 일반적으로 이행전략은 도입초기 단계부터 수립하고 반복적인 테스트를 위해 구축단계 초기부터 단계적으로 이행을 진행한다. 따라서 정적인 데이터인 마스터 데이터는 서둘러 진행하고 오픈데이터인 트랜잭션 데이터의 이행은 최소화한다.

더불어 To-Be 프로세스 설계원칙, 마스터 데이터 표준화 방법, 합리적인 프로젝트 관리 방법 등을 지속적으로 가이드해야 한다. 또한, 계속적인 모니터링을 통해 필요할 경우, 최고경영층에까지 이러한 항목들의 중요성을 인식시켜 그들의 지원과 협조를 유도해내야 한다.

이러한 점에 비추어볼 때, 구축단계는 다른 단계에 비해 고객사와 컨설팅사 간의 밀접한 관계가 요구되는 단계라 할 수 있다. 이 단계에서 고객은 프로젝트 진행사항과 이슈 등을 수시로 공유하고 지식전수를 통해 그들 스스로가 ERP 시스템을 운영할 수 있도록 역량수준을 끌어올려야 한다. 그 이유는 한상철과 이길형(2003)이 제시한 내용과 같이, 구축단계 이슈는 ERP 시스템이 완성됨에 따라 종료단계에서 많은 문제점이 발생되기 때문이다. 그러므로 구축단계에서 고객의 적극적인 참여는 정착화단계에 많은 영향을 미치게 되므로(박문규, 2002) 단계별 평가를 통해 문제점을 개선한다면, 정착화단계에서는 보다 안정적인 시스템 오픈을 가능하게 만들것이다.

(3) 정착화단계 개선안

정착화단계는 프로젝트 종료와 안정화단계라는 새로운 출발지점으로서 컨설턴트와 공동작업에서 벗어나 고객의 역량만으로 운영해야 한다. 그러나 연구결과, 정착화단계에서는 고객사와 컨설팅사의 상호평가 차이가 가장 크게 나타났다. 특히, 시스템 개통(cut-over)항목에서 서로 간의 평점차이가 다른 평가항목에 비해 가장 크게 나타났는데 이는 프로젝트 팀원과 컨설턴트 그리고 현업 간의 효과적인 의사소통이 부족하고, 마무리에 대한 책임소재가 불명확하기 때문이다.

이러한 결과는 이미 정보시스템 구축에서도 발생된 현상으로 정보기술 도입과정의 일반적인 현상이라고 볼 수 있다. ERP 시스템 도입도 프로세스 기반의 정보시스템 구축이므로 이를 반영한 결과라고 본다. 기존 연구에서 Cantu(1999)는 ERP 성공요인 중 사람과, 관리 및 조직요인이 마지막 단계의 성공요인으로 작용된다고 설명하고 있다.

정착화단계에서 상호간의 갭을 극복하기 위해서는 도입단계에서부터 고객중심의 프로젝트 관리가 이루어져야 한다. 각 단계의 참여도를 높여 정착화단계 무렵에는 기술이전이 완료되어야 한다. 더불어 고객은 데이터 이전에 따른 시스템 점검과 원활한 운영을 위해 안정화 계획수립 및 운영을 위한 프로세스와 시스템 관련한 중점점검 항목을 정의한 후, 철저히 확인작업을 해야 한다. 한편, 현장에서는 현업과 긴밀한 협조를 구축하여 변화관리 측면에서 사용자 교육을 지속적으로 실시하고 ERP 시스템 사용 시 문제가 발생할 경우, 적극적인 해결지원을 할 수 있도록 헬프데스크가 운영되어야 한다. 즉 정착화단계에서는 컨설팅사가 프로젝트를 주도하지 않기 때문에 ERP 시스템 사용상의 이슈대응, 사용자 추가요구사항 대응 및 원활한 시스템 운영을 위해 조직의 체계적인 접근이 필요하다. 반면, 컨설팅사는 ERP 시스템 오픈 이전에 시스템 운영에 관한 기술전수와 고객사의 환경에 맞는 시스템 개통(cut-over) 전략 수립, 운영준비 가이드, 시스템 안정화를 위한 모니터링 및 이슈해결 등의 서비스를 제공해야 한다.

이상과 같이, 본 연구결과를 종합정리하면, 크게 두 가지로 요약할 수 있다. 첫째, ERP 시스템의 성공적인 구축은 고객과 컨설턴트의 상호공동 참여 속에서 이루어진다는 점이다. 이는 양자 간의 갈등을 줄여주고 합리적인 조정을 가능하게 하며 신뢰와 협조체계를 형성하도록 만들기 때문에 ERP 구축과정에서 발생할 수 있는 상호인식차이를 줄여줄 수 있다. 둘째, ERP 프로젝트 각 단계의 작업방법에 대한 기준을 수립하고 그에 따른 결과물인 산출물을 확인하는 작업이 필요하다. 즉 각 단계의 완성도를 위해서는 상호평가를 통해 문제점을 확인하고 이를 개선한 후, 다음 단계로 진입해야 한다.

이러한 평가활동은 물리적인 제품뿐 아니라 무형의 서비스도 포함된다. 이것은 정보기술 서비스 능력 성숙도(CMM: Capability Maturity Model)와 같다고 볼 수 있다. 즉 고객의 요구사항을 파악하는 프로세스에서부터 서비스 제공 후 평가활동까지를 포함하기 때문에 프로젝트 성숙도를 확인할 수 있는 기반이 된다. 결과적으로 고객요구와 목표에 맞는 서비스와 제품의 품질을 지속적으로 개선할 수 있다(윤용기, 2005).

아래 [표 5-29]은 ERP 프로젝트 전체 단계에서 중요도가 높은 평가항목과 각 단계별 평가차이가 큰 항목을 기준으로 세부 개선안을 제시하였다. 이 개선안은 ERP를 도입하려는 기업에게 각 단계별로 준비해야 할 사항과 상호간의 인식차이를 줄이기 위한 가이드라인으로 사용될 수 있을 것이다.

[표 5-21] 단계별 고객사와 컨설팅사의 개선방안

단계	고객사 개선사항	컨설팅사 개선사항
공통	■ 최고경영자 지원, 사용자 참여도 ■ 고객중심의 프로젝트 관리 ■ 전 단계 변화관리 활동수행	■ 리더십, 추진력 겸비한 PM투입 ■ 산업전문가, ERP 컨설팅 경험이 풍부한 컨설턴트 투입
도입단계	■ 역할 및 책임 이해 최고경영층, 프로젝트팀, 사용자 역할과 책임 이해 및 이행	■ 역할 및 책임정의 참여사 간 명확한 역할/책임 공유
	■ 프로젝트계획수립 고객사 중심의 프로젝트 계획수립 추진방법(방법론, 작업절차)숙지	■ 프로젝트계획수립 기업특성에 맞는 방법론제시, 추진방법교육, 고객과 합의된 계획
	■ 변화관리 활동 변화관리 계획수립 및 변화의 필요성 공감대형성	■ 변화관리 활동 지원 기업특성에 맞는 변화관리 컨설팅 가이드 및 경영층, 현업대상 변화의 필요성 유도

단계	고객사 개선사항	컨설팅사 개선사항
구축 단계	■ 마스터 데이터 표준화 및 이행 현업중심의 데이터 정비, 조직 간 데이터 관리체계 숙지 및 이행된 데이터 적시에 정합성 검증강화	■ 마스터 데이터 정비/이행지원 도입단계부터 마스터 데이터 표준화 중요성, 이행전략, 정합성 확보방안을 주기적 가이드 및 진행사항점검강화
	■ 프로젝트 관리 현업중심의 통합프로젝트 관리 강화 (이슈, 위험, 산출물리뷰, 일정, 진척) 단계별 품질활동강화	■ 프로젝트 관리 단계별 작업방법 상세가이드 체계적인 이슈, 일정, 위험관리지원 합리적인 자원, 품질관리 가이드
	■ To-Be 설계 기업전략과 목표에 맞는 프로세스 설계 및 혁신성을 반영한 설계 및 현업의 공감대형성	■ To-Be 설계 가이드 고객사 문제해결을 위한 적절한 프로세스 개선안 가이드 및 설계과정 가이드, 선진사례 가이드
	■ 테스트(통합, 성능, 운영) 합리적인 테스트 계획, 준비, 수행 점진적 통합테스트 및 성능확보 현장중심 운영테스트 후 오픈	■ 프로토타이핑 To-Be 프로세스와 ERP 간의 갭 분석 및 그에 따른 적절한 대안제시, 적극적인 프로토타이핑 지원
정착화 단계	■ 시스템개통(Cut-over)준비 운영체계, 운영절차 준비 시스템완성도점검 성능/데이터정합성/시스템통합성 확보 :사용자 프로세스 원칙, 기준 숙지도 반복적인 사용자 교육실시	■ 시스템개통(Cut-over)준비 헬프데스크 및 운영준비 가이드 시스템이슈모니터링 및 개선안 제시, 현장교육지원 및 지식전수

결　론

제1절 연구결과

2000 년 이후 많은 기업들이 정부의 정보화 지원정책에 힘입어, 경영혁신의 새로운 기법으로써 ERP 시스템을 도입하여 활용하고 있지만 ERP 시스템 구축과정에 대한 고객과 컨설팅 간의 상호인식차이로 인해 실제 소기의 성과를 얻은 기업은 소수에 불과했다.

이런 점에서 본 연구목적은 ERP 프로젝트 수행과정에서 객관적인 평가를 통해 고객사와 컨설팅사 간의 상호인식차이를 줄이는 데 있다. 이를 위해 본 연구에서는 크게 ERP 프로젝트 평가모형개발 과정과 평가모형 적합성 검증 과정으로 나누어 진행되었다. 먼저 평가모형 개발과정에서는 평가대상을 고객사와 컨설팅사로 분류하고 평가단계를 도입, 구축, 정착화 3 개 단계로 범주화한 뒤, 그에 따른 세부 평가항목을 도출하였다. 평가항목에 대한 상대적 중요도를 AHP 기법을 통해 검증하고, 컨설팅사용과 고객사용 설문지인 ERP^2E 평가지를 준비하여 실무에서 활용 가능한 모형을 개발하였다.

평가모형을 개발한 후, 42 개 업체를 대상으로 ERP 프로젝트 단계별 평가모형의 적합성을 검증하였다. 검증의 주요 내용에는 ERP 구축단계별 고객사와 컨설팅사의 상호평가를 통해 서로 간의 인식차이를 분석하였다. 분석 결과를 요약하면 다음과 같다.

첫째, ERP 구축단계별 고객사와 컨설팅사 간의 평점차이는 유의한 것으로 나타났다. 도입, 구축단계에서는 상호간의 평점차이는 크지 않았으나 정착화 단계에서는 다른 단계에 비해 상호간의 평점차가 비슷하게 나타났다.

구축단계에서는 고객사와 컨설팅사 평점이 도입, 정착화단계보다 가장 낮게 나타났다. 이는 ERP 프로젝트 추진에 있어 상호간의 올바른 역할을 이해하지 못한 상태에서 고객중심보다는 컨설팅사 중심으로 프로젝트가 수행되었기 때문이다. 특히, 도입단계에서 고객의 적극적인 참여는 프로젝트 성과에 직접적인 영향을 미친다는 것을 선행연구에서 살펴보았듯이, ERP 프로젝트에서도 고객사 측의 적극적인 참여와 노력이 보다 더 강화될 필요가 있다.

본 연구결과에 의하면, ERP 프로젝트에서는 고객과 컨설팅사 간의 의존관계가 높기에 서로가 어떻게 상호작용을 하는가에 따라 인식차이의 폭이 결정된다. 따라서 고객과 컨설팅사 간의 평가차이가 발견된 부분에서는 서로 간의 상호보완적인 관계를 유지하고 상호간의 이익을 줄 수 있도록 개선될 필요가 있다. 다시 말해, ERP 프로젝트 과정에서 발생하는 위험요인을 최소화하기 위해서는 각자의 역할에 충실함으로써 서로의 목표달성에 기여할 수 있는 관계를 쌓아가는 것이 중요하며 고객과 컨설턴트 모두가 프로젝트를 공동으로 관리해야 한다. 이를 위해서는 상호신뢰와 협조를 기반으로 한 프로젝트가 추진되어야 하며, 프로젝트 단계별 고객의 참여수준과 역할 정도를 구분하고 그 역할에 대해 상호 공감할 수 있는 준비기간이 요청된다. 이후 프로젝트가 추진된다면 서비스 품질이 높은 컨설팅 지원이 이루어질 것이며 더불어 ERP 프로젝트 성공을 극대화시킬 수 있을 것이다.

제 2 절 연구의의

1. 연구의 일반적 의의

본 연구는 고객사를 중심으로 컨설팅사를 평가하고 컨설팅사가 고객사를 상호 평가할 수 있는 평가모형을 개발하고 본 모형을 적용하여 상호인식에 관한 차이점을 제시함으로써 '고객입장 중심의 평가에서' '컨설팅 서비스 중심의 평가'로 연구영역을 확대한 새로운 시도를 하였다는 점에서 그 의미를 찾을 수 있다. 이를 보다 구체적으로 살펴보면 아래와 같다.

첫째, 그동안 거의 다루지 않았던 ERP 프로젝트 단계별 평가에 대해 프로젝트의 성공에 영향을 미치는 요인들에 관한 선행연구들을 체계적으로 정리하여 ERP 프로젝트 성공을 위한 고객과 컨설팅사의 서비스 품질을 향상시킬 수 있는 기반를 제시하였다는 점이다.

둘째, ERP 컨설턴트들에게 요구되는 프로젝트 관리자, 모듈 및 기술전문가로서의 업무 능력들을 정리하고, 이들의 수준을 측정하기 위한 탐색적 시도를 실시한 것은 추후 이와 관련된 연구의 이론적 기초를 제공한 점이다.

셋째, ERP 프로젝트 평가모형을 적용하여 고객사와 컨설팅사 간의 상호인식차이의 의미를 발견하고 이와 같은 인식차이를 줄일 수 있는 개선안을 제시함으로써 보다 성공적인 ERP 프로젝트를 수행할 수 있다는 점에서 의의가 있다.

2. 연구의 실무적 의의

본 연구는 ERP 프로젝트의 실행 성과를 높일 수 있는 방안을 제시하였다는 점에서 실무적인 의의를 가진다. 이를 구체적으로 살펴보면 아래와 같다.

첫째, ERP 프로젝트를 수행하고자 할 때에는 고객, 컨설턴트, 최고경영자, 현업 등 각 역할이 동시에 고려되어야 함을 강조함으로써 ERP 프로젝트 성공을 위한 합리적인 평가방법을 제시하였다. 또한 각 단계별 주요 평가항목과 상대적 중요도를 제시하여 다음 단계 작업진행 전 위험요인을 사전에 예방하고 중요도가 높은 평가항목에서는 보다 더 철저한 관리를 할 수 있도록 가이드하였다.

둘째, ERP 프로젝트 평가를 위해서 고객사와 컨설팅사의 평가항목은 다르게 구성되어야 함을 제시하였고, 단계별 평가항목의 우선순위에도 차이가 있음을 보여주었다. 이는 고객입장에서는 하향식(top-down), 상향식(bottom-up) 접근을 요구하며, 컨설팅사 입장에서는 고객의 역할과 밀접한 관련성이 있는 상호작용의 역할과 체계적인 프로젝트의 관리능력을 요구한다.

셋째, 지금까지 ERP 성공요인에 관한 연구는 컨설턴트 능력과 컨설팅 수행 등을 측정하는 연구에 치우쳐, 이들의 수행업무를 합리적으로 평가할 수 있는 지표개발을 제대로 하지 못했다. 그러나 본 연구에서는 성공적인 ERP 시스템 구축에 중요한 역할을 담당하는 컨설턴트 업무능력을 전문가적 입장, 교육자 입장, 프로젝트 관리자 입장 등을 고려하여 각 단계별로 평가항목을 설정하였다는 점에 의의가 있다.

넷째, 본 연구에서 제시된 평가모형은 고객으로 하여금 컨설팅사를 객관적으로 평가하여 컨설팅사의 서비스 향상을 도모하게 하고, 컨설팅사로 하여금 고객사의 문제가 무엇인가를 정량적인 데이터로 제시할 수 있도록 하였다. 따라서 사전에 상호간의 정확한 요구사항을 파악과 위험요인을 줄일 수 있는 도구로 사용될 수 있다.

다섯째, 평가모형은 ERP 프로젝트의 각 단계별 완성도를 높임으로써 다음 단계의 베이스라인을 향상시켜 성공적인 ERP 구축의 기반을 제공할 뿐 아니라 프로세스를 기반으로 설계된 SCM(Supply Chain Management), CRM(Customer Relationship Management), SRM(Supply Relationship Management), PDM(Product Data Management) 등과 같은 솔루션 구축 프로젝트에서도 응용될 수 있을 것이다.

제3절 연구 한계점 및 향후 연구방향

본 연구는 선행연구 고찰, 3차례 ERP 전문가의 자문 및 설문조사, 대기업과 중견기업 프로젝트 품질보증활동 경험 등을 통해 연구의 질을 높이고자 하였으나 여전히 아래와 같은 한계점이 존재한다.

첫째, 고객사와 컨설팅사의 상호인식차이가 ERP 성공과 실패에 어떤 영향을 주는지는 실증적으로 분석하지 못했다. 또한, 고객사 평가점수가 컨설팅사 평가점수보다 높을 경우, 반대로 컨설팅사 평가점수가 고객사 평가점수보다 높을 경우 기업성과에 어떤 영향이 있는지를 분석하지 못했다. 이러한 관점에서 향후 기업경영 성과와 연계한 분석이 추가로 이루어진다면 두 집단 간의 갭의 영향도를 심층적으로 분석할 수 있을 것이다.

둘째, 본 연구에서는 가설검증을 위해 고객사와 컨설팅사 간의 상호 평가한 평점차이만을 비교 분석하였다. 그러나 고객사가 스스로 평가한 점수와 컨설팅사가 고객사를 평가한 점수와의 차이를 분석한다면, 고객자신이 느끼는 만족도와 프로젝트 수행결과에 대한 보다 정밀한 기대와 성과 간의 차이분석이 이루어질 수 있을 것이다.

위에서 지적한 한계점을 보완해 연구를 진행시킨다면, 본 연구에서 개발한 평가모형은 더욱더 그 가치를 발휘할 수 있을 것이다.

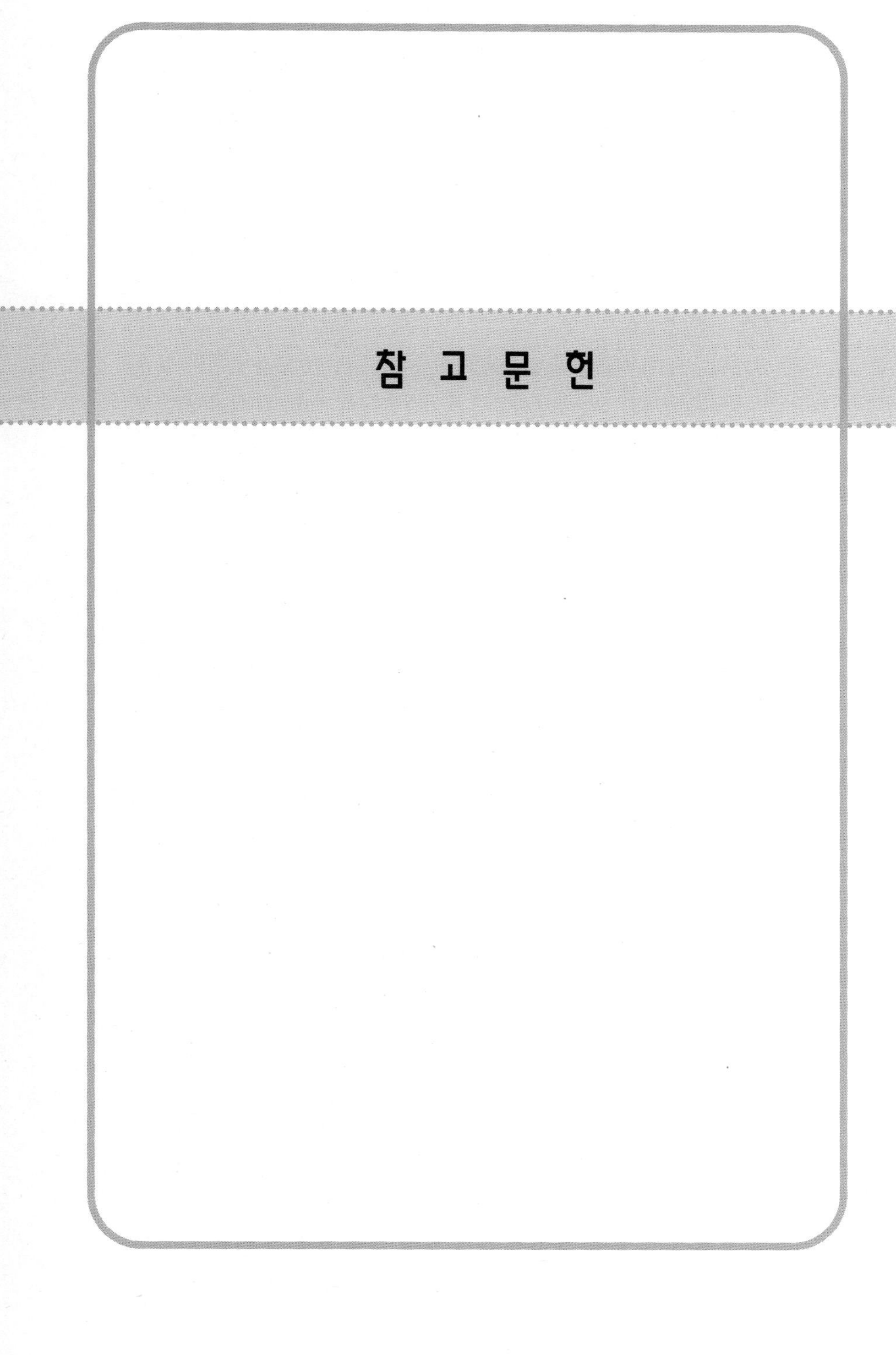

참 고 문 헌

[국내문헌]

고승현, "정보시스템 사용자 만족도 관리를 통한 정보시스템 성과관리 방안 연구", 연세대학교 대학원, 석사학위논문, 2001.

김동남, "R&D 성과 극대화를 위한 연구개발과제 평가방법론에 관한 연구", 박사논문, 경희대학교 대학원, 2005.

김병곤, 오재인, "ERP 패키지의 성공적인 커스터마이징 전략", 한국경영학회, 제 10 권, 4 권, 2000.

김병곤, 오재인, "ERP 시스템의 성공적 커스터마이징 방안 도출에 관한 실증적 연구", 한국경영학회 하계경영학관련 통합학술대회 발표논문집, 1999.

김상훈, "삼성전관㈜의 ERP 시스템 구축 사례", 경영과학(제 15 권, 제 2 호), 1998.

김성훈, "효과적인 ERP 프로젝트 관리방법 및 도입효과에 관한 사례연구", 석사논문, 2002.

강신철, 김재열, "ERP 도입에 대한 타당성 평가척도 개발 연구", 한국경영학회, 추계국제학술대회 논문집, 2000, pp.219-226.

김승한, "전사적자원관리(ERP)의 확산에 관한 실증연구: 국내기업을 대상으로 정보기술/정보시스템 혁신의 관점에서", 서울대학교 박사학위논문, 1999.

김용대, "ERP 도입성과에 영향을 미치는 요인에 대한 연구: 중소기업을 중심으로", 한국외국어대학교 경영정보대학원, 석사학위논문, 2001.

김유영, "정보시스템 개발에서 사용자-개발자 상호간의 관계에 관한 연구", 연세대학교 대학원, 석사학위논문, 2003.

김영문, "한국형 ERP 시스템과 성공적인 도입전략에 관한 연구", 한국경영정보학회, 국제학술대회논문집, 1998, 11.

김종형, 이영식, 유명환, "ERP 시스템의 구축방안이 운영에 미치는 영향: 커스터마이징과의 상관관계를 중심으로", 한국경영정보학회, 2004.

김진수, 임세헌, 김도일, "AHP 접근 방법을 통한 ERP 도입성과 평가 모델 개발", 2002 한국경영정보학회 논문집, 2002, pp.84-93.

남수희, "한국기업의 컨설팅에 대한 만족요인을 파악하기 위한 연구", 고려대학교 경영대학원, 석사학위논문, 2002.

박문규, "ERP 시스템의 구축에 관한 탐색적 연구: 단계별 완성도 간의 관계분석 및 시스템성과에 미치는 영향”, 부산대학교 대학원 정보시스템학과 박사학위 논문, 2002.

박자경, “BPR 을 병행하는 ERP 시스템 구현의 핵심성공요인과 활용성과에 관한 연구”, 충북대학교 경영대학원, 석사논문, 2005.

박용기, “정보시스템의 외주개발 프로젝트 관리에 관한 연구”, 상지대학교 대학원, 박사논문, 1998.

박진우, 박찬권, 정한일, 주상용, “사례를 통한 ERP 도입전략과 비즈니스 개혁”, 박영사, 2000.

배옥자, “정보시스템의 협력개발의 성공·실패에 대한 비교사례 연구: 현업과 개발팀 간의 역학관계와 프로젝트 성과를 중심으로”, 한양대학교 경영대학원, 석사학위논문, 2005.

배충환, “중소기업 ERP 제품선정에 관한 사례연구”, 전남대학교 대학원, 석사학위 논문, 2003.

변지석, “ERP 시스템의 전략적 사용을 위한 단계별 전략”, 경영연구 27 집, 2002.

서수석, 이종호, “웹사이트의 상대 평가를 위한 접근방법에 관한 연구”, 한국경영 정보학회, 추계학술대회, 2002.

서현주, 김효근, “외부지식 획득성과의 영향 요인에 관한 연구: ERP 패키지 도입 업체의 흡수역량 관점”, 경영정보학연구, 2002.

서현주, 양희동, “ERP 커스터마이징이 사용자의 ERP 활용성과에 미치는 영향에 대한 실증연구: 조직 적합성의 매개효과를 중심으로”, 경영정보학회 춘계학술 대회, 2005.

설증웅, 조민호, “컨설팅 프랙티스”, 새로운 제안, 2002.

손동기, 정철용, “AHP 를 활용한 정보시스템 프로젝트 위험요인 평가모형의 구현”, 한국경영정보학회, 춘계학술대회, 2003.

손동기, “AHP 기법을 활용한 정보시스템 개발 프로젝트 위험요인 평가에 관한 탐색적 연구”, 상명대학교 대학원, 박사학위논문, 2004.

신예돈, 김성수, “중소기업 ERP 시스템 구축전략”, 한국정보처리학회, 제 6 권 제 5 호, 1999.9, pp.64-72.

심기보, “ERP 프로젝트 이렇게 하면 성공한다”, 대청, 2005.

오세성, “에이전트의 IT 특성이 클라이언트의 반응과 관계지속에 미치는 영향: 대리 이론적 접근”, 광운대학교 대학원, 박사학위논문, 2002.

오재인, "ERP 는 정보경쟁력 강화의 첨병", 물류와 경영, 1997.

오재인, 김병곤, "ERP 시스템의 성공적 구현에 영향을 미치는 요인", 경영정보학연구, 제12권, 2호, 2002, pp.137-162.

오재인, 이석주, "ERP 의 성공적인 도입전략: A 기업의 사례", 한국경영정보학회, 98 공동 춘계학술대회, 1998.

윤성철, 서현석, 홍성환, "IT 컨설팅 서비스의 품질 및 사용자 만족도 측정에 관한 연구: 수정된 SERVQUAL 척도", 2002.

윤용기, "IT 아웃소싱 고객만족도 평가시스템개발 및 활용에 관한 연구", 연세대학교 대학원, 박사학위 논문, 2005.

윤종수, 한경수, 한재민, "조직성숙도에 따른 BPR 의 주요 성공요인과 성과 간의 관련성 연구", 경영정보학회연구, 제7권, 2호, 1997, 9월.

이석준, "성공적인 ERP 구축을 위한 추진주체별 역할에 관한 연구", 국민대학교 대학원, 석사학위논문, 1998.

이석준, "ERP 시스템 구현의 핵심 성공요인과 활용성과에 관한 실증적 연구: 중소기업을 중심으로", 경영정보학연구, 2001.

이용현, "ERP 시스템의 도입과 성광에 관한 연구: 중소기업을 중심으로", 조선대학교 대학원, 박사논문, 2004.

이주헌, "An MIS Framework for Software Project Management", MIS 연구, 한국외국어대학교, 제1권, 제1호, 1987, 11.

임세헌, "ERP 시스템 구축과정 평가 및 선정모델 개발에 관한 연구", 중앙대학교 대학원 경영학과, 2003.

장경서, 서길수, 이문봉, "ERP 시스템 구현 핵심성공요인에 관한 탐색적 연구", 한국경영정보학회, Information Systems Review, 2000.

장 영, "경영 컨설팅 유형별 성과에 관한 형태적 분석", KAIST 대학원, 박사학위 논문, 1996.

전진영, "ERP 시스템의 지식이전 요인에 관한 연구", 창원대학교 대학원, 석사학위논문, 2004.

정사무엘, 서민호, 이승찬, "ERP 수준평가 Framework 및 적용사례", 한국영정보학회 2004 춘계학술대회 논문집, 2004, pp.207-213.

정승민, 김준석, "ERP 시스템 도입 시 커스터마이징 정도가 사용자 만족도와 조직의 경쟁우위에 미치는 영향", 한국경영정보학회, 2002.

정영일, "BSC를 이용한 ERP 시스템 성과측정 모델에 관한 연구", 전남대학교 대학원 경영학과, 박사논문, 2003.

정종수, "E-비즈니스 컨설팅을 통한 사이버무역 활성화 방안에 관한 연구", 조선대학교 대학원, 박사학위논문, 2001.

정희연, 이주헌 "AHP를 활용한 고객사와 컨설팅사의 ERP 프로젝트 평가모형 연구", 한국경영정보학회, 2006년 춘계학술대회 논문집, 2006.

조남재, 유용택, "ERP Package 도입 특성에 관한 연구", 한국경영정보학회, 추계학술대회, 1998.

천미선, "BPR 수행여부에 따른 ERP 시스템 사용자 만족에 관한 실증연구", 한국외국어대학교 대학원, 석사논문, 2002.

천홍말, 변지석, "ERP 시스템의 성공적 가동(Go-Live)에 영향을 미치는 요인: ERO Go-Live 이슈들과 사용자 만족도와의 관계를 중심으로", 2003.

최광돈, "ERP 시스템 구축단계별 주요 성공요인에 관한 실증적 연구: 시스템 개발주기 관점에서", 광운대학교 대학원 경영학 박사학위논문, 2000.

최경일, 하영목, "대기업 ERP 시스템 구축전략", 한국정보처리학회, Vol.6, No.5, 1999, 9, pp.73-78.

최수정, "기업 간 관계특성이 전자적 협력과 성과에 미치는 영향", 전남대학교 대학원, 박사학위논문, 2005.

한상철, 이길형, "ERP 프로젝트 주요 성공요인의 상대적 중요도에 대한 탐색적 연구", 2003.

한재민, 경영정보시스템, 학현사, 1998.

한종극, 정태연, 컨설턴트의 선정과 활용, 새로운 제안, 2002.

홍성찬, 조병준, 권태광, 고장희, SAP 혁명, 대청, 1997.

산업자원부, '업종별 ERP Template 개발사업 설문 작업반(TFT) 최종보고서', 2001. 8.

삼성 SDS consulting, "ERP 시장 분석보고서", 2007.

엑센츄어 컨설팅사 사내자료, "ERP와 PI 성공을 위한 제언(L사 사례중심)", 2002.

오라클매거진, "ERP 프로젝트 수행과 종료 시 고려사항", 가을호, 2005.

오라클매거진, "중견기업 CEO를 위한 ERP 도입 제언", 여름호, 2006.

오토에버시스템즈 QA/PM 팀 사내자료, "H 그룹사 ERP 품질보증 계획서/결과서", 파워포인트자료, 2003/2004/2005, [OnLine]. http://ableqm.autoever.

com/index.jsp.

오토에버시스템즈 컨설팅사업부 사내자료, "Lessons Learned from Failed ERP Implementation", 2005.

LG CNS Entrue Consulting Partner, "IT 컨설팅 서비스의 품질 및 사용자 만족도 측정에 관한 연구", 2003.

ESG 코리아, "Market Analysis _ 2005 IT 시장 상반기 결산 및 하반기 전망", 2005.

한국소프트웨어진흥원, "국내 ERP 시장전망 보고서", 2006.

한국소프트웨어진흥원, "국내 ERP 시장전망 보고서", 2007.

한국 IDC, "2006 년 국내 ERP 애플리케이션 시장 규모전망", 2006, 7.

[참고 ERP 구축 방법론]

Oracle, "Using Oracle Tutor with AIM 3.0 and THE Oracle Business Models", 1999.

SAP Korea, "SAP R/3 Accelerated SAP", 2003.

PriceWaterhouse, "Change Integration and Rapipdpath ERP 방법론", 2001.

[국내 인터넷 사이트]

디지털타임즈, "IT 컨설팅시장 2005 결산", 2005. 12.

http://blog.empas.com/lanware/

CIO 매거진, www.ciokorea.com.

한국 오라클, http://www.oracle.com/global/kr/index.html.

SAP 코리아, http://www30.sap.com/korea/index.aspx.

[국외문헌]

Al-Mashari, M. Al-Mudimigh, A. and Zairi, M., "Enterprise Resource Planning: A Tazonomy of Critical Factors", European Journal of Operational Research, Vol.146, No.2, 2003, pp.352-364.

Alter, S., "Development Patterns for Decision Support Systems", MIS Quarterly, Vol.2. No.3, 1978, pp.33-42.

Arrow, K., "The Economic Implications of Learning by Doing", Review of Economic Studies, 29, 1962, pp.166-170.

Barker, T. and Frolick, M., "ERP Implementation Failure: A Study Case", Information Systems Management, Fall, 2003.

Barki, H. and Hartwick, J., "Interpersonal Conflict and Its Management in Information System Development", 2001, MIS Quarterly.

Bacharach, S. B. and Aiken, M., "Structural and Process Constraints on Influence in Organization: A Level-Specific Analysis", Administrative Science Quarterly, 21, 1976, p.623.

Bingi, P., Sharma, M. K. and Godla, J. K., "Critical Issues Affecting an ERP Implementation", Information Systems Management, 1999, Vol.16, No.3, pp.369-386.

Blaustein, E. B., "Planning for The Introduction of New Software", Journal of Systems Management, Vol.39, No.9 September, 1998.

Brown, C. and Vessey, I., "ERP Implementation Approaches; Toward a Contingency Framework", in Proc. 20th Int., Conf. Information Systems, Charlotte, NC, Dec.13-15, 1999, pp.411-416.

Chen, I. J., "Planning for ERP Systems: Analysis and Future Trend", Business Process Management Journal, Vol.7, No.5, pp.374-386.

Christopher Kocj, "It's Time to Take Control", CIO Magazine, July, 15, 2002.

Davenport, T. H., "Putting the enterprise into the Enterprise Systems", Harvard Business Review, July, August, 1998, pp.121-131.

Davenport, T. H., "Mission Critical: Realizing the Promise of Enterprise

Systems", Harvard Business School Press, Boston, 2000.

DeLone, W. H. and McLean, E. R., "Information Systems Success: The Quest for the Dependent Variable", Information System Research, Vol.3, No.1, 1992, pp.60-95.

Dickson, G. W. and Powers, R. F., "MIS Project Management: Myths, Opinions and Reality", California Management, 7, Spring, 1973, p.147-156.

Edberg, Dana, T., "Creating A Balanced Information Systems Measurement Program", Information Systems Management, Spring, 14(2), pp.32-40.

Fink, D., "Guidelines for The Successful Adoption of Information Technology in Small and Medium Business Enterprise", International Journal of Information Management, Vol.8, No.4, pp.243-254.

Fichman, R. and Kemerer, C., "The Assimilation of Software Process Innovations: An Organizational Learning Perspective", Management Science, October, pp.1345-1363.

Franz, C. R. and Robey, C., "Organization Context, User Involvement, and the Usefulness of Information Systems", Decision Science, 17, 1986, p.329.

Frederick Bloetscher, P. E., "What You Should Expert From Your Consulting Professionals: and How To Evaluate Them To Get It", Water Engineering & Management, 1999, October.

Gallesich, J., "The Profession and Practice of Consultation", Jossey-Bass Publishers, Nov, 1982.

Gingras, L. and McLean, R. L., "Designers and Users of Information Systems: A Sturdy of Differing Profiles", Proceedings of The Third International Conference on Information Systems, 1982.

Ginzberg, M. J., "Finding and Adequate Measure of OR/MS Effectiveness", No.4, Vol.4, 1978, pp.57-63.

Glass, R. L., "Enterprise Resource Planning-Breakthrough and/or Term Problem?", Database for Advance, Information System, Vol.29, No.3, pp.14-16, 1998.

Green, G. L, and Keim, R. T., "After Implementation What's Next

Evaluation? Journal of Systems Management", September, 1983, pp.10-15.

Grover, V., Cheon, M. J. and Janmes, T. C. Teng., "The Effect of Service Quality and Partnership on the Outsourcing of Informantion Systems Outsourcng", Sloan Management Review, 1996, pp.13-25.

Hafeez, K., Zhang, Y. B. And Malak, N., "Determining Key Capabilities of A Firm Using Analytic Hierarchy Process", International Journal of Production Economics, Vol.76, 2002, pp.39-51.

Hamilton, S. and Chervany, N. L., "Evaluating Information System Effectiveness-Part1: Comparing Evaluating Approach", MIS Quarterly, No.5, Vol.3, September, 1981, pp.55-69.

Helm, S. A., Lengnick-Hall, M. L. and Lengnick-Hall, C. A., "Pre-Implementation Attitudes for Enterprise Resource Planning", European Journal of Operational Research, 146, 2003, pp.233-240.

Hong, Kyung-Kwon and Kim, Young-Gul, "The Critical Success Factors for ERP Implementation: An Organizational Fit Perspective", Information and Management, 40, 2002, pp.25-40.

Huang, Shi-Ming, Chang, I-Chu., Li, Shing-Han. and Lin Ming-Tong, "Assessing Risk in ERP Projects: Identify and Prioritize the Factors", Industrial Management & Data Systems, Vol.104, No.8, 2004, pp.681-688.

Ives, B., Hamilton, S. and Davis, G. B., "A Framework for Research in Computer-Based Management Information Systems", Management Science 26, 1980, pp.910-934.

Jacobs, F. R. and Bendoly, E., "ERP; Developments and Directions for Operations Management Research", European Journal of Operational Research, 146, 2003, pp.233-240.

Kadoda, G., "A Cognitive Dimensions View of The Differences Between Designers And Users of Theorem Proving Assistants", Proceedings of the 12th Annual Workshop of The Psychology of Programming Interest Group, 2000.

Kale, P., Singh, H. and Perlmutter, H., "Learning and Protection of Proprietary Assets in Strategic Alliances: Building Relational Capital", Strategic Management Journal, 21, Special Issue, 2000, pp.217-237.

Kaplan, R. S. and Norton, D. P., "Balance Scored card: Measure That Drive Performance", Harvard Business Review, Jan-Feb: 71-79.

King, W. R., "Ensuring ERP Implementation Success", Information Systems Management Summer, 2005.

King, W. R. and Rodriguez, J. R., "Evaluating Management Information Systems", MIS Quarterly, Vo.2, No.3, 1978, pp.43-55.

Ko, D. G., Kirsch, L. J. and King Williams, R., "Antecedents of Knowledge Transfer from Consultants to Client in Enterprise Systems Implementations", MIS Quarterly, Vol.29 No.1, March, 2005, pp.59-85.

Kishore, C. V., "Critical Success Factors for Implementation of Enterprise Resource Planning Systems", Thailand; AIT, 1999.

Kumar, V., Maheshwari, B. and Kumar, U., "ERP Systems Implementation: Best Practices in Canadian Government Organization", Government Information Quartely, 19, 2002, pp.147-172.

Kumar, V., Maheshwari, B. and Kumar, U., "An Investigation of Critical Management Issues in ERP Implementation: Empirical Evidence from Canadian Organization", Technovation, 23, 2003.

Kwon, T. H. and Zmud, R. W., "Unifying The Fragmented Models of Information Systems Implementation", Critical Issues Information Systems Research, October, 1987.

Larsen, E. W. and Gobei, D. H., "Significance of Project Management Science on Development Success", IEEE Transaction on Engineering Management, May 1989, Vol.36.

Leem, C. S. and Yoon, Y. G., "A Maturity Model and an Evaluation Systems of Software Customers Satisfaction: The Case of Software Companies in Korea", Industrial Management & Data Systems, Vol.104, No.4, 2004, pp.347-354.

Leitheiser, Robert L., and Fouad, Nadya F., "An Exploration of the role of diverse cultures on the information requirements determination process", International Conference on Information Systems, 1993.

Lves, B., Olson, M. H. and Baroudi, J. J., "The Measurement of User Information Satisfactions", C. A. CM, No.26, Vol.10, 1983, pp.785-793.

Luo, W. and Strong, D. M., "A Framework for Evaluating ERP Implementation Choices", IEEE Transactions on Engineering, Vol.51, No.3, Aug 2004.

Mabert, V. A., Soni, A. and Venkataramanan, M. A, "Enterprise Resource Planning: Managing the Implementation Process", European Journal of Operational Research 146, 2003, pp.302-314.

Majed, A., "Enterprise Resource Planning(ERP) Systems; A Research Agenda", Industrial Management and Data Systems, 2003, Vol.103, No.1, pp.22-27.

Mandal, P. and Gunasekaran, A., "Issues in Implementing ERP: A Case Study", European Journal of Operational Research, 146, 2003, pp.274-283.

Markus, M. L., Tanis, C., "The Enterprise Systems Experience–From Adoption to Success", In Framing the Domains of IT Research, 2000, pp.173-207.

Markus, M. L., Axline, S. and Tanis, C., "Learning from Adopter' Experience with ERP: Problems Encountered and Success Achieved", Journal of Information Technology, 15, 2000(a), pp.245-265.

Mckeen, J. D., Guimaraes, T. and Wetherbe, J. C., " ", 1994.

Middleton, Catherine A., "A Tale of Two Systems: Success and Failure in A Single Information System Implementation", Proceedings of The First Americas Conference on Information Systems, 1995.

Montwani, J., Mirchandani, D., Madan, M. And Gunasekaran, A., "Successful Implementation of ERP Projects; Evidence from Tow Case Studies", International Journal Production Economics, Vol.75, No.1, 2002, pp.83-94.

Myers, B. C., Kappelmen, L. A and Prybutok, V. R., "A Comprehensive

Model for Assessing The Quality Productivity of the Information Systems Functions: Toward a Theory for Information Systems Assessment", Information Resource Management Journal, Vol.10, No.1, 1997, pp.6-25.

Ng, K.C., IP, W. H. and LEE, T. C., "A Paradigm for ERP and BPR Integration", International Journal of Production Research, Vol.37, No.9, 1999, pp.2093-2108.

Oliver, D. and Romm, C., "ERP Systems; The Route to Adoption", Proceeding of The 2000 Americas Conference on Information Systems, 2000, pp.1039-1044.

Oliver, I. and Langford, H., "Myths of Demons & Users; Evidence and Analysis of Negative Perceptions of Users", Galliers, R. D.(ed), Information Analysis : Selected Readings.

O'Leary, D. E., "Discussion of Information System Assurance for Enterprise Resource Planning Systems: Unique Considerations", Journal of Information Systems, Vol.16, 2002, pp.115-126.

Orlikowski, W. J. and Hofman, J. D., "Improvisational Model for Change Management: The Case of Groupware", Sloan Management Review, 38(2), 1997, pp.11-21.

Parr, A. and Shanks, G., "A Model of ERP Project Implementation", Journal of Information Technology, Vol.15, No.4, 2000, pp.289-304.

Powell, W., Koput, K. and Smith-Doerr, L., "Interorganizational Collaboration and Locus Innovation Network of Learning in Biotechnology", Unpublished Working Paper Cornell University, 1996.

Rajagopal, P., "An Innovation-Diffusion View of Implementation of Enterprise Resource Planning Systems and Development of a Search Model", Information & Management, Vol.40, 2002, pp.87-114.

Raymond, L., "Operational Context and Information Systems Success; A Contingency Approach", Journal of MIS, Vol.6, No.1, 1990.

Saaty, T. L., "The Analytic Hierarchy Process", (New York; McGraw-Hill), 1980.

Saaty, T. L., "Multicriteria Decision Making", RWS, 1990, pp.78-79.

Scott, J. E. and Kaindle, L., "Enhancing Functionality in an Enterprise Software Package", Information & Management, Vol.37, pp.111-122.

Scoot-Morton, M. S., "The corporation of the 1990S; Information Technology and Organizational Transformation", New York, NY; Oxford University Press, 1991.

Soh, C., Kien, S. S. and Joanne, Tay-Yap., "Cultural Fits and Misfits: Is ERP a Universal Solution?", Communications of the ACM, Vol.43, No.4, 2000, pp.47-51.

Somers, T. M. and Nelson, K. G., "A Taxonomy of Players and Activities Across the ERP Project Life Cycle", Information & Management, 41, 2004, pp.257-278.

Stewart, T., "Rate Your Readiness to Change", Fortune, February, 1994, pp.64-66.

Sumner, M., "Risk Factors in Enterprise-Wide/ERP Projects", Journal of Information Technology, Vol.15, No.4, 2000, pp.317-327.

Sun, A. Y. T., Yazdani, A. and Overend, J. D., "Achievement Assessment for Enterprise Resource Planning ERP System Implementations based on Critical Success Factors", International Production Economics, Vol.98, 2005, pp.189-203.

Tchokogue, A., Bareil, C. and Duguay, C. R., "Key lessons from the Implementation of an ERP at Pratt & Whitney Canada, International Journal Production Economics", Vol.95, 2005, pp.151-163.

Teltumbde, A., "A Framework for Evaluating ERP Project", International Journal of Production Research", Vol.38, No.17, 2000, pp.4507-4520.

Themistocleous, M., Lrani, Z., OKeefe R. and Paul, R., "ERP Problems and Application Integration Issues: An Empirical Survey", Proceedings of the 34th Annual Hawaii Integration Conference on System Sciences, pp.3775-3784.

Trepper, C., "ERP Project Management is Key to a Successful Implementation", 1999, http://brick.earthweb.com/strategy_990816.htm.

Tuner, A. N., Newman, W. H. and Romanelli, E., "Convergence and

Upheaval; Managing the Unsteady Pace of Organizational Evolution", California Management Review, Fall, 1986.

Umble, E. J., Haft, R. R. and Umble, M. M., "ERP: Implementation Procedures and Critical Success Factors", European Journal of Operarional Research, 146, 2003, pp.241-257.

Umble, E. J. and Umble, M. M.(2002), "Avoiding ERP Implementation Failure", Industrial Management", Vol.44, No.1, pp.25-33.

Udo, G. G., "Using Analytic Hierarchy Process to Analyze the Informatin Technology Outsourcing Decision", Industrial Management & Data Ssytems, Vol.100, No.9, 2000, pp.421-429.

Vargas, L. G., "An Overview of the Analytic Hierarchy Process and Its Application", European Journal of Operation Research, Vol.48, 1990.

Von H. E., "Cooperation Between Rivals; The Informal Trading of Technical Know how", In The Source of Innovation Oxford University Press, New York and Oxford, 1988.

Wind, Y. and Saaty, T. L., "Marketing Application of the AHP", Management Science, Vol.26, No.27, pp.645-668.

Wei, Chun-Chin and Wang, Mao-Jiun J., "A Comprehensive Framework for Selecting an ERP Systems", International Journal of Project Management, 22, 2004, pp.161-169.

Williams, A. P. O. and Woodward, S., "The Competitive Consultant; A Client-Oriented Approach for achieving Superior Performance", The Macmillan Press Ltd, 1994.

Wooten, K. C. and White, L. P., "Toward a Theory of Change Role Efficacy", Human Relations, Vol.42, No.8, 1989, pp.651-669.

Wrigth, S. and Wright, A. M, "Information System Assurance fro Enterprise Resource Planning Systems: Implementation and Unique Risk Consider-ations", Journal of Information Systems, Vol.16, pp.5-15.

Youjae, Y., "A Critical Review of Consumner Satisfaction", inReview of Marketing, Valarie A. Zeithaml ed., Chicago, IL.: American Marketing Association, pp.68-123.

Yu, Chian-Son, "Causes Influencing the Effectiveness of the Post-Implementation ERP System", Industrial Management & Data System, Vol.105, No.1, 2005.

Xue, H., Nord, J. H., Brown, N. and Nord, G. D., "Data Wrranty Issues in Implementing an ERP", Industrial Management & Data Systems, Vol.102, No.1, 2004, pp.47-60.

Xue, Y., Liang, H., Boulton, W. R. and Snyder, C. A., "ERP Implementation Failures in China: Case Studies with Implications for ERP Vendors", International Journal of Production Economics, 97, 2005, pp.279-295.

Yusuf, Y., Gunasekaran, A. and Abthorpe, M. K., "Enterprise Information Systems Project Implementation; A Case Study of ERP in Rolls-Royce", International Journal of Production Economics, 87, 2004, pp.251-266.

Zeira, Y. and Avedisian, J., "Organization Planned Change Assessing the Change for Success", Organizational Dynamics, 1989, p.31-45.

Zhang, Z., Lee, M. K. O., Huang, P., Zhang L. and Huang, X., "A Framework of ERP Systems Implementation Success in China: An Empirical Study", International Journal of Production Economics, Vol.98, 2005, pp.56-80.

Zmud, R. W. and Cox, J. F., "User Involvement in System Desing", Information Management, Vol.14, 1979.

[해외 인터넷 사이트]

AMR Research, [Online], Available; www.amrresearch.com, 2002.

AMR Research, "ERP Report, 2004-2009", www.amrresearch.com, 2005.

IT Cortex, 2003. 08/19/2002, "ERP Thrives in China's Market", Sehnzhen Daily.

PMP Research(2001), "Industry Reports; Infrastructure Management Software", Available at;
www.conferencepage.com/pmppebooks/pmp/index.asp.

부　　록

[부록 1] 평가항목 선정 설문지-1

ERP 프로젝트 단계별 평가항목 자문의견

안녕하십니까?

저는 한국외국어 대학교 대학원 박사과정 경영학과에서 MIS 를 전공하는 정희연입니다. 그리고 ERP 컨설팅을 포함한 IT 분야에 20 년 이상 근무한 경험이 있습니다.

본 자문의견서는 박사학위 논문에서 연구하고자 하는 "ERP 프로젝트 단계별 평가모형 개발 연구"라는 내용으로 자문의견서를 작성하였습니다.

ERP 전문가 분들의 경험에 의한 고견은 저의 연구에 많은 도움이 될 것입니다. 또한 귀하의 답변은 본 연구의 목적 이외 다른 용도로 사용하지 않습니다.

바쁘신 중에도 본 자문의견에 협조해 주셔서 감사합니다.

2006. 10.

연 구 자: 한국외국어대학교 대학원 경영학과 박사과정 정희연
(Tel: 019-466-7528, E-mail: hylotus@unitel.co.kr)
지도교수: 한국외국어대학교 대학원 상경대학 경영학부 교수 이주헌

[자문 방법]

아래 내용을 숙지하신 후 ERP 프로젝트 단계별 평가해야 할 항목을 선정하
여 주십시오.

1. 단계별 고객과 컨설턴트가 수행해야 할 주요 작업을 고려하여 자문해 주
   십시오.
2. 아래 항목을 고려하신 후 중요도를 상, 중, 하 란에 표시해 주십시오.
   ① 단계별 수행할 작업 중요성 ② ERP 성공요인 ③ 다음단계 영향도
3. 삭제, 수정이 필요한 평가항목, 세부항목이 있는 경우, 수정사항이나 검
   토의견을 적어 주십시오.
4. 신규 추가할 평가항목이 있으면 빨간색으로 신규란에 적어 주십시오.

단계별 평가항목의 중요도를 검토의견에 'V'로 표시해 주십시오.

단계	평가항목	세부평가항목	중요도 구분			검토의견
			상	중	하	
도입단계	마스터 플랜 수립	기업현황 분석 프로젝트 목표 및 범위 마스터 플랜 수립				
	ERP 제품 선정/계약	ERP 제품평가기준 수립 평가 절차에 의한 제품선정 적정한 컨설팅사 선정, 계약				
	프로젝트 계획수립	조직구성 및 R&R 정의 일정인력자원, 변화관리계획 방법론, ERP 교육 프로젝트 착수회의(kick-off)				
	변화관리	변화관리 계획수립 변화관리 활동 사용자 변화관리 교육				
	최고경영자 관심과 지원(고객사)	주요 이슈 의사결정 변화 스폰서십 참피언십 제도운영				
	사용자참여 (고객사)	변화공감대 형성				
	PM 리더십 (컨설팅사)	프로젝트 관리 능력 팀 내/외부 의사소통 능력				
	컨설턴트 능력 (컨설팅사)	전문가적 스킬 보유 ERP 컨설팅 경험 보유 컨설팅 서비스 마인드				
구축단계	TO-BE 프로세스 설계	As-Is 분석 TO-BE 프로세스설계 구체화 선진사례 공유				
	프로토타이핑 활용	Configuration 정의 프로토타이핑 수행 ERP와 갭 분석				
	데이터표준화 및 이행	마스터 데이터 표준화 마스터 데이터 관리방안 수립 체계적인 이행준비 및 이행 이행데이터 검증				

단계	평가항목	세부평가항목	중요도 구분			검토의견
			상	중	하	
구축단계	적정 개발	개발표준 수립 커스터마이징 최소화 추가개발 설계 및 개발 인터페이스정의 및 개발				
	최고경영자 관심과 지원(고객사)	총체적인 지원과 관심 주요이슈 의사결정 참여 현업 변화 독려				
	사용자참여 (고객사)	TFT 와 현업 헌신적 참여 부문 간의 협업 변화관리 활동 참여				
	프로젝트 관리자 자질 (컨설팅사)	프로젝트 관리자 리더십 통합적인 프로젝트 관리능력 원활한 의사소통 체계 갈등, 중재, 합의 도출 능력				
	컨설턴트 능력 (컨설팅사)	전문지식 전수 문제해결 능력 TFT 와 신뢰와 협조형성				
정착화단계	시스템개통 준비	시스템 개통 준비 헬프데스크 운영 사용자 교육				
	프로젝트 평가/종료	체계적 프로젝트 평가 시스템 모니터링 및 개선 적절한 사후지원체계				
	최고경영자 관심과 지원(고객사)	성과보상 실시 변화 스폰서십				
	사용자참여 (고객사)	지속적인 변화관리 활동참여 프로세스 개선				
아래 란에 신규 추가할 평가항목과 자문의견을 적어 주십시오						

6 부록 2] AHP 가중치 조사 설문지-2

계층분석적 방법(AHP)을 이용한
프로젝트 단계별 평가항목 중요도 도출을 위한 설문지

안녕하십니까?
귀하의 발전을 기원합니다.

이 설문은 ERP 프로젝트 단계별 평가(컨설팅사용, 고객사용)를 위한 박사
논문을 준비하는 한국외국어대학교 대학원 경영학과의 정희연이 전문가들의
의견을 수렴하기 위한 설문입니다.

이 설문은 두 개의 Hierarchy 로 구성되어 있는데, 하나는 컨설팅사 입장에
서의 중요도에 대한 설문이며, 다른 하나는 고객사 입장에서의 중요도에 관한
것입니다.

설문에 답변하신 내용은 AHP 기법을 사용하여 "ERP 프로젝트 단계별 평가
항목 중요도 도출"을 위한 학문적 목적으로만 사용하겠습니다.

귀하의 협조에 깊은 감사를 드립니다.

2006. 10.

1. 작성요령

A 와 B 의 중요성을 비교할 때 A 가 B 보다 더 중요하다고 생각하시면 왼쪽에, B 가 A 보다 더 중요하다고 생각하시면 오른쪽에 표시합니다.
또한 표시 요령을 참조하여 중요함의 정도에 따라 해당되는 숫자를 표시합니다.

[표시 요령]

A 가 B 보다 '매우 중요'하다고 판단하실 경우: 왼쪽 7 에 표시

단계 비교	극히 중요		매우 중요		중요		약간 중요		동 등		약간 중요		중요		매우 중요		극히 중요	단계 비교
A	9	8	7	6	5	4	3	2	1	2	3	4	5	6	7	8	9	B

주) 2, 4, 6, 8 등은 중간 값임 (예, '약간 중요'와 '중요'의 중간 정도를 표시하실 경우에 4 를 선택).

B 가 A 보다 '중요'와 '매우 중요'의 중간 정도로 중요하다고 판단하실 경우: 오른쪽 6 에 표시

비교 항목	극히 중요		매우 중요		중요		약간 중요		동 등		약간 중요		중요		매우 중요		극히 중요	비교 항목
A	9	8	7	6	5	4	3	2	1	2	3	4	5	6	7	8	9	B

주) 2, 4, 6, 8 등은 중간 값임 (예, '약간중요'와 '중요'의 중간 정도를 표시하실 경우에 4 를 선택).

2. 설 문

이 설문은 모든 의사결정 요소에 대하여 1:1 비교라는 간단한 방법을 통하여 의사결정 요소 전체의 상대적 중요도를 결정하기 위한 것입니다. 이 과정을 통하여 의사결정자의 논리적 일관성의 점검과 그룹의 의사결정을 도출하기

위한 기초 자료가 생성됩니다. 따라서 일부 중복되는 느낌을 받으실 수도 있으나 아래 **"의사결정 계층도와 평가기준 및 내용"**을 참조하여 전 항목에 대하여 빠짐없이 표시해 주시기 바랍니다.

가. 의사결정 계층도

아래 계층 구조도는 고객사 의사결정 계층도와 컨설팅사 의사결정 계층도로 구분되어 있습니다. 두 종류의 계층도를 토대로 '나. 평가기준과 내용'에 평가항목과 세부평가항목이 제시되었습니다.

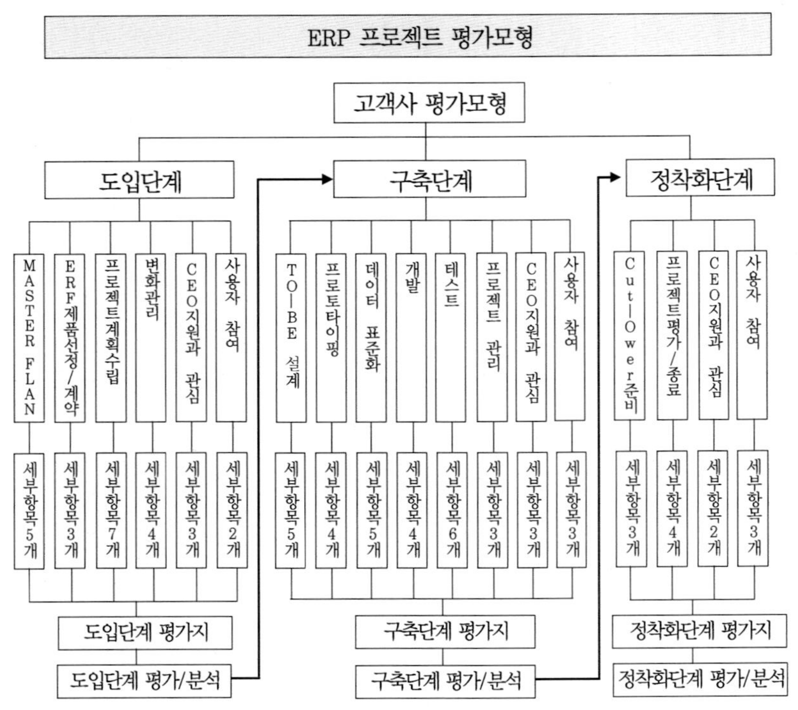

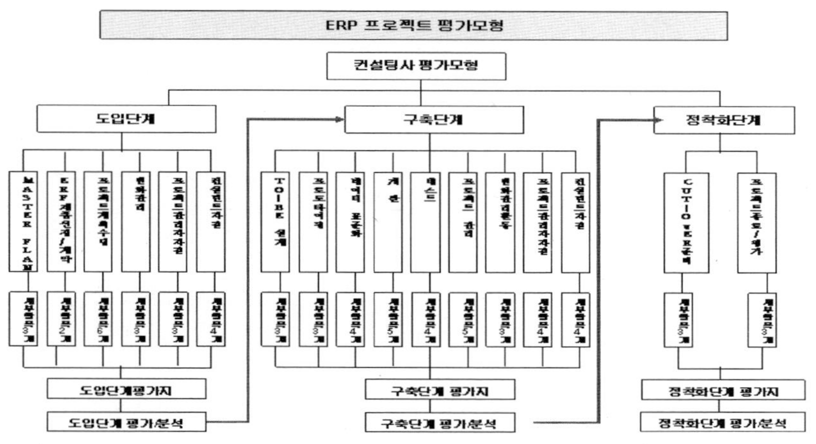

나. 평가기준 및 내용

단계	평가항목		세부 평가항목	
	컨설팅사	고객사	컨설팅사	고객사
도입단계	마스터 플랜 수립		기업현황분석 및 이해 ERP 구축방안수립 마스터플랜 수립 컨설팅	내외부 현황분석 목표 및 범위정의 마스터 플랜 수립
	ERP 제품선정 및 업체 계약		프로젝트 위험요인과 성공요인 제시 참여 사 계약조건 제시	평가방법, 평가기준 정의 평가절차에 의한 제품선정 컨설팅사, 벤더사 계약명확
	프로젝트 계획수립		조직구성 및 책임역할정의 프로젝트 관리 계획수립 방법론 교육 프로젝트 착수회의 실시	조직구성 및 역할정의 일정, 인력, 자원계획 ERP 방법론 이해 프로젝트 착수회의
	변화관리		변화관리 계획수립 및 지원 변화관리 활동참여 유도 사용자 변화관리 교육실시	변화관리 계획수립 변화관리 활동 사용자 교육참여
	프로젝트 관리자 자질	최고 경영자 지원	추진조직체계 설계능력 프로젝트 경비, 일정추정능력 의사소통 능력	적절한 예산, 자원지원 변화스폰서십 참피언십 규명
	컨설턴트자질	사용자참여	전문가적 스킬 보유 ERP 컨설팅 경험 보유 컨설팅 서비스 마인드	변화 공감대 형성

단계	평가항목		세부 평가항목	
	컨설팅사	고객사	컨설팅사	고객사
구축 단계	To-Be 프로세스설계		As-Is 분석 To-Be 설계 가이드 및 지원 선진사례 공유	As-Is 분석 요구사항 정의 To-Be 설계 구체화 To-Be 업무기준정의
	프로토타이핑		Configuration 정의 프로토타이핑 수행 및 지원 ERP 갭 차이분석 갭 차이 해결안 제시	Configuration 숙지 프로토타이핑 수행 합리적인 ERP와의 갭 분석, 대안설정
	마스터 데이터 표준화 및 데이터 변환(이행)		마스터 데이터 정의 마스터 데이터 표준화 가이드 마스터 데이터 관리 가이드 이행전략 가이드 이행준비 및 지원	마스터 데이터 설계 마스터 데이터 정비 마스터 데이터 운영안 수립 이행계획수립 및 이행 데이터 검증
	개 발		커스터마이징 최소화 가이드 시스템 통합방안 가이드 인터페이스, 개발 설계 ERP 시스템 기술전수	커스터마이징 전략수립 추가개발설계 개발 개발표준준수
	테스트 (통합, 성능, 사용자)		테스트 계획수립 테스트 수행지원 테스트 결과리뷰, 이슈대응	합리적인 일정수립 통합, 성능테스트 수행 테스트결과리뷰, 승인
	프로젝트 관리		구축단계 작업방법 가이드 합리적인 프로젝트 관리 단계별 품질활동	단계별 작업방법이해 고객중심 프로젝트 관리 프로젝트 관리자 리더십
	변화관리		변화관리 활동유도 변화관리 활동평가, 사용자 변화관리 교육	변화관리 활동수행 변화관리 활동개선 사용자 교육참여
	프로젝트 관리자 자질	최고 경영자 지원	통합 프로젝트 관리 능력 팀워크 제고능력 갈등중재, 합의도출 능력 경영층 협조유도 능력	총체적 지원과 관심 주요이슈 의사결정 현업참여 유도
	컨설턴트 자질	사용자참여	문제파악 및 해결능력 전문지식 전수능력 신뢰분위기 조성능력	프로젝트팀 헌신참여 현업의 협조 현업의 참여지원

단계	평가항목		세부 평가항목	
	컨설팅사	고객사	컨설팅사	고객사
정착화 단계	시스템개통 준비		시스템개통준비 가이드 사용자 교육지원 헬프데스크 체계 가이드	운영체계준비 사용자 운영교육
	프로젝트 평가 및 종료		프로젝트 평가 및 종료보고 ERP 시스템 안정화 지원	프로젝트 완료보고 ERP시스템 안정화 시스템 모니터링/개선
		최고 경영자지원		성과보상 실시 변화 스폰서십
		사용자참여		사용자 교육참여 프로세스 개선

3. 기준에 대한 평가

3-1. 컨설팅사 평가

가. 1차 판단기준에 대한 평가

"ERP 프로젝트 단계별 평가항목 중요도 도출"을 위한 1 차 판단기준 3 개 모두에 대하여, "ERP 프로젝트 단계별 평가항목 중요도 도출"의 판단기준으로써 각 기준이 상대기준에 비해 얼마나 중요한지를 간단한 1:1 비교를 통하여 결정하여 주시기 바랍니다.

기준	극히중요	매우중요		중요		약간중요			동등		약간중요		중요		매우중요		극히중요	기준
도입	9	8	7	6	5	4	3	2	1	2	3	4	5	6	7	8	9	구축
도입	9	8	7	6	5	4	3	2	1	2	3	4	5	6	7	8	9	정착화
구축	9	8	7	6	5	4	3	2	1	2	3	4	5	6	7	8	9	정착화

A. 도입단계

"ERP 프로젝트 단계별 평가항목 중요도 도출"을 위한 1차 판단기준 중 '도입 단계'에 있어서, 2차 판단기준 각각이 상대기준에 비해 얼마나 중요한지를 간단한 1:1 비교를 통하여 결정하여 주시기 바랍니다.

기준	극히 중요		매우 중요		중요		약간 중요		동등		약간 중요		중요		매우 중요		극히 중요	기준
마스타플랜수립	9	8	7	6	5	4	3	2	1	2	3	4	5	6	7	8	9	ERP 제품 선정 계약
마스터플랜 수립	9	8	7	6	5	4	3	2	1	2	3	4	5	6	7	8	9	프로젝트 계획수립
마스터 플랜수립	9	8	7	6	5	4	3	2	1	2	3	4	5	6	7	8	9	변화관리
마스터 플랜수립	9	8	7	6	5	4	3	2	1	2	3	4	5	6	7	8	9	PM 자질
마스터 플랜수립	9	8	7	6	5	4	3	2	1	2	3	4	5	6	7	8	9	컨설턴트 자질
ERP 제품 선정 계약	9	8	7	6	5	4	3	2	1	2	3	4	5	6	7	8	9	프로젝트 계획수립
ERP 제품 선정 계약	9	8	7	6	5	4	3	2	1	2	3	4	5	6	7	8	9	변화관리
ERP 제품 선정 계약	9	8	7	6	5	4	3	2	1	2	3	4	5	6	7	8	9	PM 자질
ERP 제품 선정 계약	9	8	7	6	5	4	3	2	1	2	3	4	5	6	7	8	9	컨설턴트 자질
프로젝트 계획수립	9	8	7	6	5	4	3	2	1	2	3	4	5	6	7	8	9	변화관리
프로젝트 계획수립	9	8	7	6	5	4	3	2	1	2	3	4	5	6	7	8	9	PM 자질
프로젝트 계획수립	9	8	7	6	5	4	3	2	1	2	3	4	5	6	7	8	9	컨설턴트 자질
변화관리	9	8	7	6	5	4	3	2	1	2	3	4	5	6	7	8	9	PM 자질
변화관리	9	8	7	6	5	4	3	2	1	2	3	4	5	6	7	8	9	컨설턴트 자질
PM 자질	9	8	7	6	5	4	3	2	1	2	3	4	5	6	7	8	9	컨설턴트 자질

B. 구축단계

"ERP 프로젝트 단계별 평가항목 중요도 도출"을 위한 1차 판단기준 중 "구축단계"에 있어서, 2차 판단기준 각각이 상대기준에 비해 얼마나 중요한지를 간단한 1:1 비교를 통하여 결정하여 주시기 바랍니다.

기준	극히 중요	매우 중요		중요		약간 중요		동등		약간 중요		중요		매우 중요		극히 중요	기준
TO-BE 설계	9	8	7	6	5	4	3	2	1	2	3	4	5	6	7	8	9	프로토 타이핑
TO-BE 설계	9	8	7	6	5	4	3	2	1	2	3	4	5	6	7	8	9	데이터 표준화
TO-BE 설계	9	8	7	6	5	4	3	2	1	2	3	4	5	6	7	8	9	개발
TO-BE 설계	9	8	7	6	5	4	3	2	1	2	3	4	5	6	7	8	9	테스트
TO-BE 설계	9	8	7	6	5	4	3	2	1	2	3	4	5	6	7	8	9	프로젝트 관리
TO-BE 설계	9	8	7	6	5	4	3	2	1	2	3	4	5	6	7	8	9	변화관리
TO-BE 설계	9	8	7	6	5	4	3	2	1	2	3	4	5	6	7	8	9	PM 자질
TO-BE 설계	9	8	7	6	5	4	3	2	1	2	3	4	5	6	7	8	9	컨설턴트 자질
프로토 타이핑	9	8	7	6	5	4	3	2	1	2	3	4	5	6	7	8	9	데이터 표준화
프로토 타이핑	9	8	7	6	5	4	3	2	1	2	3	4	5	6	7	8	9	개발
프로토 타이핑	9	8	7	6	5	4	3	2	1	2	3	4	5	6	7	8	9	테스트
프로토 타이핑	9	8	7	6	5	4	3	2	1	2	3	4	5	6	7	8	9	프로젝트 관리
프로토 타이핑	9	8	7	6	5	4	3	2	1	2	3	4	5	6	7	8	9	변화관리
프로토 타이핑	9	8	7	6	5	4	3	2	1	2	3	4	5	6	7	8	9	PM 자질
프로토 타이핑	9	8	7	6	5	4	3	2	1	2	3	4	5	6	7	8	9	컨설턴트 자질
데이터 표준화	9	8	7	6	5	4	3	2	1	2	3	4	5	6	7	8	9	개발

	9	8	7	6	5	4	3	2	1	2	3	4	5	6	7	8	9	
데이터 표준화	9	8	7	6	5	4	3	2	1	2	3	4	5	6	7	8	9	테스트
데이터 표준화	9	8	7	6	5	4	3	2	1	2	3	4	5	6	7	8	9	프로젝트 관리
데이터 표준화	9	8	7	6	5	4	3	2	1	2	3	4	5	6	7	8	9	변화관리
데이터 표준화	9	8	7	6	5	4	3	2	1	2	3	4	5	6	7	8	9	PM 자질
데이터 표준화	9	8	7	6	5	4	3	2	1	2	3	4	5	6	7	8	9	컨설턴트 자질
개 발	9	8	7	6	5	4	3	2	1	2	3	4	5	6	7	8	9	테스트
개 발	9	8	7	6	5	4	3	2	1	2	3	4	5	6	7	8	9	프로젝트 관리
개 발	9	8	7	6	5	4	3	2	1	2	3	4	5	6	7	8	9	변화관리
개 발	9	8	7	6	5	4	3	2	1	2	3	4	5	6	7	8	9	PM 자질
개 발	9	8	7	6	5	4	3	2	1	2	3	4	5	6	7	8	9	컨설턴트 자질
테스트	9	8	7	6	5	4	3	2	1	2	3	4	5	6	7	8	9	프로젝트 관리
테스트	9	8	7	6	5	4	3	2	1	2	3	4	5	6	7	8	9	변화관리
테스트	9	8	7	6	5	4	3	2	1	2	3	4	5	6	7	8	9	PM 자질
테스트	9	8	7	6	5	4	3	2	1	2	3	4	5	6	7	8	9	컨설턴트 자질
프로젝트 관리	9	8	7	6	5	4	3	2	1	2	3	4	5	6	7	8	9	변화관리
프로젝트 관리	9	8	7	6	5	4	3	2	1	2	3	4	5	6	7	8	9	PM 자질
프로젝트 관리	9	8	7	6	5	4	3	2	1	2	3	4	5	6	7	8	9	컨설턴트 자질
변화관리	9	8	7	6	5	4	3	2	1	2	3	4	5	6	7	8	9	PM 자질
변화관리	9	8	7	6	5	4	3	2	1	2	3	4	5	6	7	8	9	컨설턴트 자질
PM 자질	9	8	7	6	5	4	3	2	1	2	3	4	5	6	7	8	9	컨설턴트 자질

B. 정착화단계

"ERP 프로젝트 단계별 평가항목 중요도 도출"을 위한 1차 판단기준 중 "정착화단계"에 있어서, 2차 판단기준 각각이 상대기준에 비해 얼마나 중요한지를 간단한 1:1 비교를 통하여 결정하여 주시기 바랍니다.

기준	극히 중요		매우 중요		중요		약간 중요		동 등		약간 중요		중요		매우 중요		극히 중요	기준
시스템 개통	9	8	7	6	5	4	3	2	1	2	3	4	5	6	7	8	9	프로젝트 평가/종료

3-2 고객사 평가

가. 1차 판단기준에 대한 평가

"ERP 프로젝트 단계별 평가항목 중요도 도출"을 위한 1차 판단기준 3개 모두에 대하여, "ERP 프로젝트 단계별 평가항목 중요도 도출"의 판단기준으로써 각 기준이 상대기준에 비해 얼마나 중요한지를 간단한 1:1 비교를 통하여 결정하여 주시기 바랍니다.

기준	극히 중요		매우 중요		중요		약간 중요		동 등		약간 중요		중요		매우 중요		극히 중요	기준
도입	9	8	7	6	5	4	3	2	1	2	3	4	5	6	7	8	9	구축
도입	9	8	7	6	5	4	3	2	1	2	3	4	5	6	7	8	9	정착화
구축	9	8	7	6	5	4	3	2	1	2	3	4	5	6	7	8	9	정착화

나. 2차 판단기준에 대한 평가

A. 도입단계

"ERP 프로젝트 단계별 평가항목 중요도 도출"을 위한 1차 판단기준 중 '도입 단계'에 있어서, 2차 판단기준 각각이 상대기준에 비해 얼마나 중요한지를 간단한 1:1 비교를 통하여 결정하여 주시기 바랍니다.

기준	극히 중요	매우 중요		중요		약간 중요			동등	약간 중요		중요		매우 중요		극히 중요	기준
마스터 플랜 수립	9	8	7	6	5	4	3	2	1	2	3	4	5	6	7	8	9	ERP 제품 선정 계약
마스터 플랜 수립	9	8	7	6	5	4	3	2	1	2	3	4	5	6	7	8	9	프로젝트 계획수립
마스터 플랜 수립	9	8	7	6	5	4	3	2	1	2	3	4	5	6	7	8	9	변화관리
마스터 플랜 수립	9	8	7	6	5	4	3	2	1	2	3	4	5	6	7	8	9	최고경영자 지원과관심
마스터 플랜 수립	9	8	7	6	5	4	3	2	1	2	3	4	5	6	7	8	9	사용자참여
ERP 제품 선정 계약	9	8	7	6	5	4	3	2	1	2	3	4	5	6	7	8	9	프로젝트 계획수립
ERP 제품 선정 계약	9	8	7	6	5	4	3	2	1	2	3	4	5	6	7	8	9	변화관리
ERP 제품 선정 계약	9	8	7	6	5	4	3	2	1	2	3	4	5	6	7	8	9	최고경영자 지원과관심
ERP 제품 선정 계약	9	8	7	6	5	4	3	2	1	2	3	4	5	6	7	8	9	사용자참여
프로젝트 계획수립	9	8	7	6	5	4	3	2	1	2	3	4	5	6	7	8	9	변화관리
프로젝트 계획수립	9	8	7	6	5	4	3	2	1	2	3	4	5	6	7	8	9	최고경영자 지원과관심
프로젝트 계획수립	9	8	7	6	5	4	3	2	1	2	3	4	5	6	7	8	9	사용자참여
변화관리	9	8	7	6	5	4	3	2	1	2	3	4	5	6	7	8	9	최고경영자 관심과지원
변화관리	9	8	7	6	5	4	3	2	1	2	3	4	5	6	7	8	9	사용자참여
최고 경영자 관심	9	8	7	6	5	4	3	2	1	2	3	4	5	6	7	8	9	사용자참여

B. 구축단계

"ERP 프로젝트 단계별 평가항목 중요도 도출"을 위한 1차 판단기준 중 '구축단계'에 있어서, 2차 판단기준 각각이 상대기준에 비해 얼마나 중요한지를 간단한 1:1 비교를 통하여 결정하여 주시기 바랍니다.

기준	극히 중요	매우 중요	중요		약간 중요			동등		약간 중요		중요		매우 중요	극히 중요	기준
TO-BE 설계	9	8	7	6	5	4	3	2	1	2	3	4	5	6	7	8	9	프로토 타이핑
TO-BE 설계	9	8	7	6	5	4	3	2	1	2	3	4	5	6	7	8	9	데이터 표준화
TO-BE 설계	9	8	7	6	5	4	3	2	1	2	3	4	5	6	7	8	9	개발
TO-BE 설계	9	8	7	6	5	4	3	2	1	2	3	4	5	6	7	8	9	테스트
TO-BE 설계	9	8	7	6	5	4	3	2	1	2	3	4	5	6	7	8	9	프로젝트 관리
TO-BE 설계	9	8	7	6	5	4	3	2	1	2	3	4	5	6	7	8	9	변화관리
TO-BE 설계	9	8	7	6	5	4	3	2	1	2	3	4	5	6	7	8	9	최고경영자 지원과관심
TO-BE 설계	9	8	7	6	5	4	3	2	1	2	3	4	5	6	7	8	9	사용자참여
프로토 타이핑	9	8	7	6	5	4	3	2	1	2	3	4	5	6	7	8	9	데이터 표준화
프로토 타이핑	9	8	7	6	5	4	3	2	1	2	3	4	5	6	7	8	9	개발
프로토 타이핑	9	8	7	6	5	4	3	2	1	2	3	4	5	6	7	8	9	테스트
프로토 타이핑	9	8	7	6	5	4	3	2	1	2	3	4	5	6	7	8	9	프로젝트 관리
프로토 타이핑	9	8	7	6	5	4	3	2	1	2	3	4	5	6	7	8	9	변화관리
프로토 타이핑	9	8	7	6	5	4	3	2	1	2	3	4	5	6	7	8	9	최고경영자 지원과관심
프로토 타이핑	9	8	7	6	5	4	3	2	1	2	3	4	5	6	7	8	9	사용자참여
데이터 표준화	9	8	7	6	5	4	3	2	1	2	3	4	5	6	7	8	9	개발
데이터 표준화	9	8	7	6	5	4	3	2	1	2	3	4	5	6	7	8	9	테스트
데이터 표준화	9	8	7	6	5	4	3	2	1	2	3	4	5	6	7	8	9	프로젝트 관리
데이터 표준화	9	8	7	6	5	4	3	2	1	2	3	4	5	6	7	8	9	변화관리

	9	8	7	6	5	4	3	2	1	2	3	4	5	6	7	8	9	
데이터 표준화	9	8	7	6	5	4	3	2	1	2	3	4	5	6	7	8	9	최고경영자 지원과관심
데이터 표준화	9	8	7	6	5	4	3	2	1	2	3	4	5	6	7	8	9	사용자참여
개 발	9	8	7	6	5	4	3	2	1	2	3	4	5	6	7	8	9	테스트
개 발	9	8	7	6	5	4	3	2	1	2	3	4	5	6	7	8	9	프로젝트 관리
개 발	9	8	7	6	5	4	3	2	1	2	3	4	5	6	7	8	9	변화관리
개 발	9	8	7	6	5	4	3	2	1	2	3	4	5	6	7	8	9	최고경영자 지원과관심
개 발	9	8	7	6	5	4	3	2	1	2	3	4	5	6	7	8	9	사용자참여
테스트	9	8	7	6	5	4	3	2	1	2	3	4	5	6	7	8	9	프로젝트 관리
테스트	9	8	7	6	5	4	3	2	1	2	3	4	5	6	7	8	9	변화관리
테스트	9	8	7	6	5	4	3	2	1	2	3	4	5	6	7	8	9	최고경영자 지원과관심
테스트	9	8	7	6	5	4	3	2	1	2	3	4	5	6	7	8	9	사용자참여
프로젝트 관리	9	8	7	6	5	4	3	2	1	2	3	4	5	6	7	8	9	변화관리
프로젝트 관리	9	8	7	6	5	4	3	2	1	2	3	4	5	6	7	8	9	최고경영자 지원과관심
프로젝트 관리	9	8	7	6	5	4	3	2	1	2	3	4	5	6	7	8	9	사용자참여
변화관리	9	8	7	6	5	4	3	2	1	2	3	4	5	6	7	8	9	최고경영자 지원과관심
변화관리	9	8	7	6	5	4	3	2	1	2	3	4	5	6	7	8	9	사용자참여
최고 경영자 관심	9	8	7	6	5	4	3	2	1	2	3	4	5	6	7	8	9	사용자참여

C. 정착화단계

"ERP 프로젝트 단계별 평가항목 중요도 도출"을 위한 1차 판단기준 중 '정착화단계'에 있어서, 2차 판단기준 각각이 상대기준에 비해 얼마나 중요한지를 간단한 1:1 비교를 통하여 결정하여 주시기 바랍니다.

기준	극히 중요	매우 중요		중요		약간 중요		동 등		약간 중요		중요		매우 중요		극히 중요	기준
시스템 개통	9	8	7	6	5	4	3	2	1	2	3	4	5	6	7	8	9	프로젝트 평가/종료
시스템 개통	9	8	7	6	5	4	3	2	1	2	3	4	5	6	7	8	9	최고경영 자지원심
시스템 개통	9	8	7	6	5	4	3	2	1	2	3	4	5	6	7	8	9	사용자 참여
프로젝트 평가/종 료	9	8	7	6	5	4	3	2	1	2	3	4	5	6	7	8	9	최고경영 자 지원
프로젝트 평가/종 료	9	8	7	6	5	4	3	2	1	2	3	4	5	6	7	8	9	사용자 참여
최고 경영자 관심	9	8	7	6	5	4	3	2	1	2	3	4	5	6	7	8	9	사용자 참여

[부록 3] 고객사와 컨설팅사 상호평가 차이분석 설문지-3

평가모형을 적용한 프로젝트 단계별
고객사와 컨설팅사 간 상호인식 평가차이 분석 설문지

안녕하십니까?

본 설문은 ERP 시스템의 성공적 구축을 위해 ERP 프로젝트 단계별 고객사와 컨설팅사의 역할과 그에 따른 작업결과를 평가하기 위한 설문서입니다.

ERP 프로젝트 구축단계는 선행연구를 토대로 도입, 구축, 정착화단계로 분류되었습니다. 현재 ERP 시스템을 구축 중인 기업은 현재 수행 단계까지 설문에 응답해 주시고 구축 완료된 기업은 3 단계 모두 설문에 응답해 주십시오. 본 설문에 대한 응답 내용은 학술목적 이외의 다른 목적으로 일체 사용되지 않으며, 오직 연구목적만을 위해서 사용될 것입니다.

귀하의 솔직한 응답은 본 연구에 중요한 자료로 활용될 것입니다. 귀하께서 설문에 응해주신 것에 대해 감사를 드립니다.

2006 년 1 월

연 구 자: 한국외국어대학교 대학원 경영학과 박사과정 정희연
(E-Mail: hylotus@unitel.co.kr)
지도교수: 한국외국어대학교 대학원 상경대학 경영학부 교수 이주헌

일반 사항에 관한 설문지

다음은 귀사의 일반적 프로파일에 관한 질문입니다. 해당 질문에 번호를 표시해주시거나 간단하게 답변해 주십시오.

1. 귀사의 업종은? (   )

   ① 자동차 ② 전기/전자 ③ 통신 ④ 유통   ⑤ 화학/정유 ⑥ 건설

   ⑦ 제조   ⑧ IT   ⑨ 항공 ⑩ 공공분야 ⑪ 기타(   )

2. 귀사의 일반사항에 관한 질문입니다.

업체명		년매출액	백만 원	
종업원수	명	ERP종류	국산ERP( )	
			외산ERP( )	
ERP 프로젝트 명		ERP 제품명		

3. 귀하가 참여하고 있는 ERP 구축범위를 선택해 주십시오. (   )

   ① ERP 전 모듈   ② ERP 와 타 패키지와 통합구축

   ③ ERP 일부 모듈   ④ ERP + e-비즈니스 + 타 패키지

   ⑤ 기타 (   )

4. BPR 또는 PI(Process Innovation) 수행을 하셨습니까? (   )

   ① BPR 수행 후 ERP 구축을 하였다.

   ② BPR 수행 없이 ERP 구축을 하였다.

5. ERP 시스템 설치방법에 관한 질문입니다. (   )

   ① 지역, 사업부 단위별로 단계별 구축(Phase 접근)

   ② 전 모듈을 전사적으로 구축(Big Bang 접근)

6. 현재 ERP 시스템의 구축단계는 어디 단계에 해당합니까? (　　　)

　　① ERP 시스템이 구축 중: 도입단계(　) 구축단계 (　) 정착화단계(　　)

　　② ERP 도입이 완료되었다.

7. ERP 시스템을 구축완료 하셨다면 ERP 시스템 가동 기간은 어느 정도 되었습니까? (　)

　　① 3 개월 미만 ② 6 개월 미만 ③ 1년 미만 ④ 1년 6 개월 미만

　　⑤ 2년 미만　 ⑥ 3년 정도　 ⑦ 기타 (　　　　　　　　　　)

8. ERP 패키지의 커스터마이징이란 ERP 시스템 자체를 수정하는 것과 추가로 개발하는 것을 말합니다. 귀사의 ERP 시스템 구현과정에서 ERP 패키지의 커스터마이징 비율은 몇% 수준이었습니까? 약 (＿＿＿＿)%

9. 귀하의 참여 범위는 무엇입니까? (　　　)

　　① 고객사로 참여하였다.

　　② 컨설팅사로 참여하였다.

10. 고객사인 경우, 어떤 역할을 수행하였습니까? (　　　)

　　① 프로젝트 관리자(PM　 ② 프로젝트팀원(TFT)　 ③ 현업

11. 컨설팅사인 경우, 어떤 역할을 수행하였습니까? (　　　)

　　① 프로젝트 관리자(PM)　 ② 모듈 컨설턴트　 ③ 변화관리 컨설턴트

컨설팅사와 고객사 ERP 프로젝트 단계별 평가에 관한 설문지

ERP 시스템을 구축 중인 기업은 현재 수행 단계까지 설문에 응답해 주시고 구축 완료된 기업은 3 단계 모두 설문에 응답해 주십시오.

[응답요령]

도입단계에서 질문내용이 충실히 수행되었다고 생각한다.

'매우 책임 있는 수행'이라고 생각하면 ⑤번 표기, '그저 그렇다(보통)'이면 ③번에 표기하시면 됩니다.

①······②······③······④······⑤

전혀 그렇지 않다　　　　보통　　　　매우 그렇다

Part Ⅰ. 컨설팅사 평가 질의서

다음은 컨설팅사를 평가하기 위한 ERP 프로젝트 단계별 질의서입니다.

Ⅰ. 도입단계

1. 컨설팅사의 마스터 플랜 수립 평가에 관한 질문입니다.

1) 기업의 내·외부 환경분석을 위해 인터뷰 또는 설문 조사를 실시하였다. ①···②···③···④···⑤

2) 고객사의 ERP 추진 목표에 맞는 구축전략 및 방향을 가이드하였다. ①···②···③···④···⑤

3) 기업의 비전과 전략이 연계된 중, 장기 정보기술 계획수립을 위해 적극적인 가이드를 하였다. ①···②···③···④···⑤

2. 컨설팅사의 ERP 제품선정 및 계약준비 평가에 관한 질문입니다.

1) ERP 프로젝트에 대한 위험분석과 성공요인에 대해 충분한 이해가 있었다.　　①···②···③···④···⑤

2) 패키지 업체, 컨설팅사, 고객사 간의 책임소재가 계약서상에 명시되고 상호간에 공유되었다.　　①···②···③···④···⑤

3. 컨설팅사의 프로젝트 계획수립 평가에 관한 질문입니다.

1) 우수컨설턴트와 현업 전문가로 적절한 전담팀이 구성되었다.　　①···②···③···④···⑤

2) 컨설팅사, 고객사, 참여사 간의 명확한 역할 분담이 이루어졌다.　　①···②···③···④···⑤

3) 기업특성에 적합한 효율적인 프로젝트 관리방안 (표준관리절차)을 수립하고 프로젝트 팀과 공유하고 확정하였다.　　①···②···③···④···⑤

4) 기업특성에 적합한 ERP방법론이 제시되었다.　　①···②···③···④···⑤

5) 단계별 작업절차, 산출물의 표준템플릿을 고객 PM과 리뷰 확정하고 프로젝트팀과 공유하였다.　　①···②···③···④···⑤

6) 프로젝트팀을 대상으로 ERP 방법론 교육을 충분히 실시하였다.　　①···②···③···④···⑤

4. 컨설팅사에서 준비한 변화관리 활동 평가에 관한 질문입니다.

1) 경영층의 변화를 유도하고 변화관리 활동을 적극적으로 지원하였다.　　①···②···③···④···⑤

2) 고객사 특성에 적합한 변화 관리 교육계획이 수립되고 고객사와 리뷰, 확정하였다.　　①···②···③···④···⑤

3) 프로젝트팀을 대상으로 일정 기간 동안 충분한 ERP ①…②…③…④…⑤
모듈 교육이 실시되었다.

5. 컨설팅사 프로젝트 관리자(PM)의 자질에 대한 평가 질문입니다.

1) PM은 ERP 제품에 대한 체계적인 지식과 구축 방법 ①…②…③…④…⑤
을 명확히 이해하고 있다.

2) ERP 컨설팅 경험이 풍부한 리더십을 겸비한 프로젝 ①…②…③…④…⑤
트 관리자가(PM) 투입되었다.

3) 파트너사 간 TFT 부문 간의 원활한 의사소통 능력 ①…②…③…④…⑤
을 보유하고 있었다.

4) 경영층의 협조와 이해 관계자 조정능력이 우수했다. ①…②…③…④…⑤

6. 컨설턴트 자질 평가에 관한 질문입니다.

1) 해당분야(산업)에 대한 충분한 전문지식을 보유하고 ①…②…③…④…⑤
있었다.

2) ERP 컨설팅과 구축경험이 풍부한 컨설턴트가 투입 ①…②…③…④…⑤
되었다.

3) 컨설팅 서비스 마인드(신뢰성, 관계성)를 보유한 컨 ①…②…③…④…⑤
설턴트가 투입되었다.

Ⅱ. 구축단계

1. 컨설팅사가 수행한 TO-BE 설계 평가에 관한 질문입니다.

1) AS-IS 프로세스, 시스템, 조직구조 분석을 통해 이 ①…②…③…④…⑤
슈를 발견하고 그에 따른 개선사항에 관한 가이드를
하였다.

2) 고객 요구사항이 반영될 수 있는 TO-BE 설계 가이드 ①…②…③…④…⑤

3) 프로세스 설계를 위한 선진사례가 제공되었다. ①…②…③…④…⑤

2. 컨설팅사의 프로토타이핑 수행 및 지원 평가에 관한 질문입니다.

1) Configuration 정의와 그에 따른 체계적인 지식 전수를 수행하였다. ①…②…③…④…⑤

2) 요구사항과 To-Be를 검증할 수 있는 반복적인 프로토타이핑을 수행하고 고객을 지원하였다. ①…②…③…④…⑤

3) 현행 프로세스와 ERP 패키지와의 갭 해결을 위해 기업 목표에 적합한 적절한 대안을 제시하였다. ①…②…③…④…⑤

3. 컨설턴트의 마스터 데이터 표준화와 데이터변화(이행) 수행 평가에 관한 질문입니다.

1) 마스터 데이터 정의와 그에 따른 기준수립에 필요한 가이드가 수행되었다. ①…②…③…④…⑤

2) 마스터 데이터 표준화 방안에 대해 충분히 가이드하였다. ①…②…③…④…⑤

3) 마스터 데이터 관리방안과 세부운영 계획수립을 가이드하였다. ①…②…③…④…⑤

4) 이행전략 가이드 및 이행 준비를 체계적으로 지원하였다. ①…②…③…④…⑤

4. 컨설팅사의 개발지원 평가에 관한 질문입니다.

1) 커스터마이징을 최소화할 수 있는 전략을 가이드하였다. ①…②…③…④…⑤

2) 인터페이스 대상 정의와 인터페이스 방안이 충분히
가이드되었다. ①⋯②⋯③⋯④⋯⑤

3) 추가개발에 따른 설계서가 작성되고 기술사항이 충
분히 가이드되었다. ①⋯②⋯③⋯④⋯⑤

4) ERP 시스템 기술 전수가 충분히 이루어졌다. ①⋯②⋯③⋯④⋯⑤

5) Legacy와 ERP 시스템과 통합 방안이 가이드되었다. ①⋯②⋯③⋯④⋯⑤

5. 컨설팅사의 테스트 수행 및 지원 평가에 관한 질문입니다.

1) 고객사 환경에 적합한 테스트 전략과 계획이 수립되
었다. ①⋯②⋯③⋯④⋯⑤

2) TO-BE 프로세스 검증을 위한 테스트 시나리오작
성과 테스트 준비를 위해 충분히 가이드되었다. ①⋯②⋯③⋯④⋯⑤

3) 합리적인 통합 테스트를 지원하고 그 결과를 수시로
검토하였다. ①⋯②⋯③⋯④⋯⑤

4) 테스트 과정에서 발생한 주요 이슈에 대해 적절한
해결안을 제시하였다. ①⋯②⋯③⋯④⋯⑤

6. 컨설팅사의 프로젝트 관리 평가에 관한 질문입니다.

1) ERP 프로젝트 단계별 체계적인 작업방법에 대한 가
이드가 충분히 이루어졌다. ①⋯②⋯③⋯④⋯⑤

2) 프로젝트 예산, 자원, 작업 계획이 적절히 통제되고
합리적으로 관리되었다. ①⋯②⋯③⋯④⋯⑤

3) 위험과 이슈가 수시로 공유되고 체계적으로 관리되
었다. ①⋯②⋯③⋯④⋯⑤

4) 단계별 산출물 및 작업수행 결과를 리뷰하고 개선활 ①…②…③…④…⑤
동을 수행하였다.

도출된 TO-BE 프로세스는 협력사 및 이해관계자
5) 들을 대상으로 적절히 공유, 교육될 수 있도록 적절 ①…②…③…④…⑤
히 가이드되었다.

7. 구축단계 컨설팅사의 변화관리에 관한 평가 질문입니다.

1) 조직구성원들의 변화를 유도하고 그에 따른 충분한 ①…②…③…④…⑤
교육을 지원하였다.

2) 변화관리 활동에 대한 진단 및 평가를 위해 고객사 ①…②…③…④…⑤
에 충분한 가이드를 수행하였다.

3) ERP에 대한 마인드 교육을 적절히 수행하였으며 사 ①…②…③…④…⑤
용자 교육교재 개발을 위해 충분한 가이드를 하였다.

8. 컨설팅사 프로젝트 관리자(PM)의 자질에 관한 평가 질문입니다.

1) 전문지식(산업, 프로세스, configuration)을 충분히 ①…②…③…④…⑤
전수하였다.

2) 문제핵심을 정확히 파악하고 해결을 위한 충분한 대 ①…②…③…④…⑤
안 및 방향을 제시하였다.

3) 기업전략과 목표달성에 필요한 혁신과 창의적 사고 ①…②…③…④…⑤
를 고객사에게 유도하였다.

4) TFT와 상호간의 신뢰 분위기를 조성하는 데 노력하 ①…②…③…④…⑤
였다.

Ⅲ. 정착화단계

1. 정착화단계에 컨설팅사의 시스템개통(cut-over) 준비 평가에 관한 질문입니다.

1) 시스템개통(cut-over) 전략이 수립되고 프로젝트팀과 참여사에게 충분한 가이드를 수행하였다.　　①…②…③…④…⑤

2) 헬프데스크 운영조직체계와 운영방법을 고객사특성과 환경에 맞도록 가이드하고 지원하였다.　　①…②…③…④…⑤

3) 실운영에 대비한 사용자 교육을 지속적으로 지원하였으며, 전산 운영자들에게 체계적인 기술전수를 수행하였다.　　①…②…③…④…⑤

2. 컨설팅사의 프로젝트 평가 및 종료 수행 평가에 관한 질문입니다.

1) 프로젝트 목표달성 여부 및 시스템 완성여부를 체계적으로 평가하였다.　　①…②…③…④…⑤

2) 프로젝트 종료보고와 사후 지원을 적절히 제시하였다.　　①…②…③…④…⑤

2) ERP 시스템 안정을 위해 안정화 기간 동안 상주하여 이슈를 모니터링하고 적절한 해결안을 제시하였다.　　①…②…③…④…⑤

Part Ⅱ. 고객사 평가 질의서

다음은 고객사를 평가하기 위한 ERP 프로젝트 단계별 질의서입니다.

Ⅰ. 도입단계

1. 고객사의 마스터 플랜 수립 평가에 관한 질문입니다.

1) 기업 내·외부 환경분석 및 벤치마킹을 통한 To-Be 비전과 성공 요소를 정의하였다.　　①···②···③···④···⑤

2) ERP 프로젝트에 대한 명확한 구축범위와 목표를 설정하였다.　　①···②···③···④···⑤

3) To-Be 비전 달성을 위해 중점과제가 도출되고 공유되었다.　　①···②···③···④···⑤

4) 중점과제를 측정할 수 있는 정량적인 지표(KPI)가 설정되었다.　　①···②···③···④···⑤

5) ERP시스템 구축에 대한 중장기 계획이 수립되고, 최고경영자 승인을 얻었다.　　①···②···③···④···⑤

　　KPI(Key Performance Indicator)

2. 고객사의 ERP 제품선정 및 계약 평가에 관한 질문입니다.

1) 제품선정을 위한 평가항목 및 평가요소가 정의되었다 (공급자평가, 기술평가, 기능평가, 가격 및 서비스, 사후관리 평가).　　①···②···③···④···⑤

2) 기업상황과 특성을 반영한 평가항목 가중치가 정의되고 평가절차에 따라 적합한 ERP 제품이 선정되었다.　　①···②···③···④···⑤

3) 업무와 기술적인 전문성을 고려하고 ERP시스템을 충분히 분석한 후, 제품을 선정하였다.　①···②···③···④···⑤

3. 고객사의 ERP 프로젝트 계획수립 평가에 관한 질문입니다.

1) 현업 전문가로 전담 프로젝트팀이 구성되었다.　①···②···③···④···⑤

2) 강력한 ERP 추진 위원회 (전담 지원 부서) 체제가 구축되고 주요 의사결정이 적시에 이루어졌다.　①···②···③···④···⑤

3) 고객사의 프로젝트 팀, 현업, 프로젝트 관리다(PM), 최고경영자가 수행해야 할 책임과 역할을 명확히 이해하였다.　①···②···③···④···⑤

4) 합리적인 일정계획, 자원 계획이 수립되었다.　①···②···③···④···⑤

5) 합리적인 프로젝트 관리 절차가 수립되고 프로젝트 팀과 공유하였다.　①···②···③···④···⑤

6) 회사특성을 고려한 ERP 방법론을 선택하고 단계별 작업 절차를 충분히 숙지하였다.　①···②···③···④···⑤

7) ERP 프로젝트 계획서는 프로젝트 팀에게 공유되고 경영층의 승인을 받았다.　①···②···③···④···⑤

4. 고객사의 도입단계의 변화관리 평가에 관한 질문입니다.

1) 성과관리를 위한 보상체계가 수립되었다.　①···②···③···④···⑤

2) 변화의 필요성에 대해 조직 구성원들에게 뉴스레터, e-메일, 포스터 및 메시지 등을 활용하여 지속적인 홍보활동을 하였다.　①···②···③···④···⑤

3) 프로젝트 착수 전, 프로젝트팀원들은 ERP 모듈 교육을 받았으며, 기능을 충분히 숙지하였다.　　①…②…③…④…⑤

4) 조직 구성원별(경영층, 관리자층, 사용자층) 변화관리 계획을 이해하고 적극적으로 변화관리활동에 참여의지를 보였다.　　①…②…③…④…⑤

5. 최고경영자 관심과 지원에 대한 평가 질문입니다.

1) 프로젝트 수행에 필요한 적절한 예산과 자원 및 인력이 지원되었다.　　①…②…③…④…⑤

2) 변화의 당위성 제시와 그에 따른 변화의 수용을 위해 임직원 참여를 주기적으로 유도하였다.　　①…②…③…④…⑤

3) 프로젝트 성공을 위해 지속적인 관심과 지원을 하였다.　　①…②…③…④…⑤

6. 도입단계의 사용자 참여에 대한 질문입니다.

1) 프로세스 오너(전담관리자)가 선정되고 지속적인 참여와 지원이 있었다.　　①…②…③…④…⑤

2) 목표달성과 직접 관련된 변화의 당위성을 충분히 이해하고 변화활동에 적극적으로 참여하였다.　　①…②…③…④…⑤

II. 구축단계

1. 고객사의 TO-BE 프로세스 설계 평가에 관한 질문입니다.

1) As-Is 프로세스 분석 및 요구 사항이 명확히 정의되었다.　　①…②…③…④…⑤

2) 선진사례 검토 후 To-Be 프로세스 설계에 선진사례를 적절히 수용하였다.　　①…②…③…④…⑤

3) To-Be 프로세스는 적절한 절차와 방법에 따라 정의되었다.　　①···②···③···④···⑤

4) To-Be 프로세스에 대한 현업 검증 및 공감대 형성을 충분히 수행하였다.　　①···②···③···④···⑤

5) 설계된 To-Be 프로세스에 대한 업무절차와 업무기준을 구체적으로 정의하였다.　　①···②···③···④···⑤

2. 고객사의 프로토타이핑 수행 평가에 관한 질문입니다.

1) 소프트웨어 구성(Configuration) 항목에 대한 충분한 숙지와 이에 따른 항목기준을 정의하였다.　　①···②···③···④···⑤

2) To-Be 프로세스와 ERP 패키지 간의 갭 분석 후 기업 환경에 맞는 합리적인 해결안을 도출하였다.　　①···②···③···④···⑤

3) 반복적인 프로토타이핑을 통해 To-Be 프로세스와 사용자 요구사항을 검증하고 문제점을 적절히 보완하였다.　　①···②···③···④···⑤

4) 도출된 To-Be 프로세스는 현업 교육을 통해 공유되고 프로세스 오너(프로세스 전담 관리자)의 승인을 받았다.　　①···②···③···④···⑤

3. 고객사의 마스터 데이터 표준화 및 데이터 변환(이행)준비 수행 평가에 관한 질문입니다.

1) 마스터 데이터 항목설계와 신코드 기준을 정의하였다.　　①···②···③···④···⑤

2) 마스터 데이터 관리방안을 수립하고 관련 부문과 관리내용을 충분히 공유하였다.　　①···②···③···④···⑤

3) 현업의 마스터 데이터 정비(Cleansing) 책임자가 선정되고 적시에 cleansing 작업을 수행하였다.   ①···②···③···④···⑤

4) 데이터 변환을 위한 이행전략이 수립되고 데이터전환 프로그램의 개발계획이 체계적으로 수립되었다.   ①···②···③···④···⑤

5) 이행한 데이터를 충분히 검증하였다.   ①···②···③···④···⑤

4. 고객사의 커스터마이징과 추가개발에 관한 질문입니다.

1) 추가개발/커스터마이징에 대해 철저한 통제와 그에 따른 개발일정 관리가 이루어졌다.   ①···②···③···④···⑤

2) 개발 표준에 따른 설계서를 작성하고, 표준을 준수한 프로그램을 개발하였다.   ①···②···③···④···⑤

3) 기존시스템과 ERP 시스템 간의 통합적인 설계와 구현을 하였다.   ①···②···③···④···⑤

4) 운영준비에 필요한 개발된 프로그램과 ERP 시스템에 관한 기술전수가 체계적으로 진행되었다.   ①···②···③···④···⑤

5. 고객사의 테스트 수행 평가에 관한 질문입니다.

1) 통합테스트를 위해 적절한 일정계획수립과 실데이터와 프로그램이 적시에 준비되었다.   ①···②···③···④···⑤

2) 다양한 비즈니스 케이스가 반영된 테스트 시나리오가 작성되고 고객사 TFT 주도하에 통합 테스트가 반복적으로 수행되었다.   ①···②···③···④···⑤

3) 성능테스트와 SQL 튜닝이 실시되고 고객의 요구사항을 적절히 반영하였다.   ①···②···③···④···⑤

4) 프로젝트팀이 테스트 결과서(통합, 성능테스트)를 작성하고 검토한 이후, 최종 책임자 승인을 득하였다.   ①···②···③···④···⑤

5) 이행(변화) 데이터의 정확성과 무결성을 확보하기 위해 철저한 검증작업을 체계적으로 수행하였다.   ①···②···③···④···⑤

6) 통합, 성능테스트 과정에서 발생한 이슈해결에 적극적인 참여를 하였다.   ①···②···③···④···⑤

6. 고객사의 프로젝트 관리 평가에 관한 질문입니다.

1) 추진력과 리더십을 겸비한 프로젝트 관리가 이루어졌다.   ①···②···③···④···⑤

2) 도입단계에 정의한 프로젝트 관리 방안에 따라 효과적인 프로젝트 관리를 수행하였다.
(이슈/위험/범위/일정/변경/산출물/품질관리)   ①···②···③···④···⑤

3) 프로젝트 진행사항을 프로젝트 팀과 수시로 정보 공유가 이루어졌다.   ①···②···③···④···⑤

7. 고객사의 변화관리 평가에 관한 질문입니다.

1) 변화관리 활동은 매체와 교육을 통해 주기적으로 실시되었다.   ①···②···③···④···⑤

2) 변화관리활동 이후 변화 수용에 대한 적절한 평가가 실시되고 그 결과가 참여자들에게 피드백되었다.   ①···②···③···④···⑤

3) 현업 사용자의 ERP시스템, To-Be 변화에 관련한 충분한 교육이 주기적으로 진행되었다.   ①···②···③···④···⑤

8. 구축단계에 최고경영자 관심과 지원 평가에 관한 질문입니다.

1) 주요 이슈에 관한 의사결정에 적극적으로 참여하였다.   ① ··· ② ··· ③ ··· ④ ··· ⑤

2) 지속적인 현업 참여와 독려를 하였다.   ① ··· ② ··· ③ ··· ④ ··· ⑤

3) ERP 프로젝트에 대해 총체적인 책임과 지원 및 관심을 보여 주었다.   ① ··· ② ··· ③ ··· ④ ··· ⑤

9. 고객사의 사용자 참여 평가에 관한 질문입니다.

1) TFT 헌신과 적극적인 참여가 있었다.   ① ··· ② ··· ③ ··· ④ ··· ⑤

2) 프로세스 검증, 마스터 데이터 정비, 교육 및 훈련 등에 현업의 적극적인 지원과 참여가 있었다.   ① ··· ② ··· ③ ··· ④ ··· ⑤

3) 부문 간 협업과 프로젝트 팀과 효과적인 의사소통이 이루어졌다.   ① ··· ② ··· ③ ··· ④ ··· ⑤

Ⅲ. 정착화단계

1. 운영을 위한 시스템개통(cut-over) 준비 평가에 관한 질문입니다.

1) 운영조직 체계 및 운영절차가 수립되고 운영에 필요한 주요 산출물이 완성되었다.   ① ··· ② ··· ③ ··· ④ ··· ⑤

2) 헬프데스크가 구성되고 이슈대응 체제를 구축하였다.   ① ··· ② ··· ③ ··· ④ ··· ⑤

3) 실제 운영에 대비한 사용자 교육을 TFT가 중심이 되어 수행하였으며, 전산 운영자 기술교육이 체계적으로 실시되었다.   ① ··· ② ··· ③ ··· ④ ··· ⑤

2. 고객사의 프로젝트 평가 및 종료 수행 평가에 관한 질문입니다.

1) 시스템 가동을 위해 종합평가가 실시되었다.
   (ERP시스템, 교육정도, DB, H/W, 장애, 보안 등)　　①···②···③···④···⑤

2) 예산, 일정, 품질준수에 대한 목표대비 실적분석이
   이루어졌다.　　①···②···③···④···⑤

3) 오픈 후, 지속적인 시스템오류 수정 및 업무개선 활
   동이 적극적으로 이루어졌다.　　①···②···③···④···⑤

4) 경영층에 종료보고와 프로젝트 결과에 대한 인증활
   동을 수행하였다.　　①···②···③···④···⑤

3. 정착화단계에서 최고경영자 관심과 지원 평가에 관한 질문입니다.

1) ERP 시스템 활용과 연계된 조직원의 보상을 실시하
   였다.　　①···②···③···④···⑤

2) To-Be 프로세스 정착화와 KPI(지표)달성을 위해
   조직원들을 적극적으로 독려하였다.　　①···②···③···④···⑤

4. 정착화단계에 사용자 참여에 관한 질문입니다.

1) ERP 시스템 기능과 사용 방법을 충분히 숙지한 후
   업무처리가 이루어졌다.　　①···②···③···④···⑤

2) 오픈 이후 지속적인 업무개선에 참여하였다.　　①···②···③···④···⑤

3) 추가적 ERP 시스템 교육에 적극적인 참여를 하였다.　　①···②···③···④···⑤

설문에 응답해 주셔서 대단히 감사합니다.

ERP 프로젝트 성공 가이드라인
: 고객사와 컨설팅사 상호평가를 중심으로

· 초판 인쇄	2007 년 10 월 22 일
· 초판 발행	2007 년 10 월 22 일
· 지 은 이	정희연
· 펴 낸 이	채종준
· 펴 낸 곳	한국학술정보㈜ 경기도 파주시 교하읍 문발리 파주출판문화정보산업단지 526-2 전화 031)908-3181(대표)·팩스 031)908-3189 홈페이지 http://www.kstudy.com e-mail(출판사업부) publish@kstudy.com
· 등 록	제일산-115 호(2000. 6. 19.)
· 가 격	24,000원

ISBN   978-89-534-7631-8 93320 (paper book)
        978-89-534-7632-5 98320 (e-book)